KB097461

신학, 정치를 다시 묻다

근대의 신학–정치적 상상과 성찬의 정치학

이 도서의 국립중앙도서관 출판시도서목록(CIP)은
서지정보유통지원시스템 홈페이지(http://seoji.nl.go.kr)와
국가자료공동목록시스템(http://www.nl.go.kr/kolisnet)에서
이용하실 수 있습니다. (CIP제어번호 : CIP2019037095)

Theopolitical Imagination

신학, 정치를 다시 묻다

근대의 신학—정치적 상상과 성찬의 정치학

윌리엄 T. 캐버너 지음 · 손민석 옮김

비아
VIA

| 차례 |

일러두기

· 역자 주석의 경우 *표시를 해 두었습니다.

· 성서 표기와 인용은 원칙적으로 『공동번역개정판』(1999)을 따르되 원문과 지나치게 차이가 날 경우에는 대한성서공회판 『새번역』(2001)을 따랐으며 한국어 성서가 모두 원문과 차이가 날 경우에는 옮긴이가 임의로 옮겼음을 밝힙니다.

· 단행본 서적의 경우 『 』표기를, 논문이나 글의 경우 「 」, 음악 작품이나 미술 작품의 경우 《 》표기를 사용했습니다.

· 본문의 인용문은 국역본이 있는 경우 제목 및 출판사를 해당 각주에 병기하고, 기존 국역본 번역을 존중하여 따르는 것을 원칙으로 하였습니다. 또한 인용 맥락에 따라 필요한 경우 약간의 수정을 거쳐 옮겼음을 밝힙니다.

서문과 감사의 말

이 책은 스위스에 있는 한 출판사에서 내 에세이 일부를 프랑스어로 번역하기 위해 모아 달라고 부탁하면서 시작되었다. 그 제안을 기회 삼아 나는 오늘날 그리스도교의 정치적 상상력을 형성하는 것에 관해 지속적으로 논의하여 주목받은 몇몇 에세이를 다듬었다. 처음에 썼던 에세이의 자료를 다시 배열했고, 몇몇 부분은 본래 의도에 맞추어 다시 썼다. 이 글들이 이제 더 쉽게 접근 가능한 형태인 책으로 출간되어 기쁘다. 이 짤막한 책은 이후 이 주제를 더 깊이 다루기로 약속하는 일종의 약속 어음이라 할 수 있다.

출간을 제안한 제네바의 아드 솔렘Ad Solem 출판사 편집부의 그레고리 솔라리Gregory Solari에게 감사드린다.* 이 책은 조금 다른 형태로 『성찬 - 세계화』Eucharistie - Mondialisation라는 제목으로 아드 솔렘 출판사에서 출간되었음을 밝혀둔다. 또한 영어판이 출간되도록 이끌어 준 티엔티 클락T.&T.Clark의 스트랫퍼드 콜더컷Stratford Caldecott에게도 감사의 말을 전한다. 초고에 대해 통찰력 있는 논평을 해준 이들에게도 감사드린다. 프레더릭 바우어슈미트Frederick Bauerschmidt, 마이클 백스터Michael Baxter, 대니얼 벨Daniel Bell, 존 버크만John Berkman, 제임스 포도르James Fodor, 스탠리 하우어워스Stanley Hauerwas, 마이클 홀러리히Michael Hollerich, 라인하르트 휘터Reinhard Hütter, D. 스티븐 롱D.Stephen Long, 제럴드 슐라바흐Gerald Schlabach, 폴 워다Paul Wojda 등, 이들은 내가 주제를 좀 더 깊게 사고하고 헤쳐나가는 데 도움을 주었다. 언제나 그랬듯 나를 응원해 준 아내 트레이시Tracy를 기억한다. 이 책은 우리의 자녀들, 피니언Finnian과 데클란Decalan에게 바친다. 이들은 친교로 이루어진 가정이란 실제로 무엇인지를 우리에게 가르쳐 주었다.

---

* 2019년 현재 아드 솔렘 출판사는 제네바에서 프랑스 파리로 적을 옮겨 출판을 이어가고 있다.

서론

시공간에 대한 규율된 상상들

정치는 상상의 실천이다. 정치는 종종 "가능성의 기예"art of possible라고 불린다.* 그만큼 정치는 예술적인 면모를 지니고 있다. 예술이 그러하듯 정치에는 상상력이 발휘된다. 그러나 군대,

---

* 나이브한 이상주의 혹은 완전주의가 아니라 정치현실주의Realpolitik를 역설할 때 종종 인용되는 경구로 독일의 정치가 오토 폰 비스마르크Otto von Bismarck가 사용한 것으로 알려져 있다. 독일어 원문은 "Die Politik ist die Lehre vom Möglichen"이다(예술art로 번역되는 Lehre는 지혜 혹은 교의, 가르침의 의미를 담고 있다).
불확실성을 특징으로 하는 현실 정치에서 바라는 바를 모두 취하는 것이 불가능하다는 점을 고려할 때 이 경구는 불가능한 것과 가능한 선택지를 분별하는 안목과 통찰력, 여러 변수들을 염두에 두고 최악을 피하면서 벌이는 협상, 용기를 지닌 결정 등을 상기시키곤 했다. 아울러 비스마르크가 1863년 프러시아 의회에서 "정치는 엄밀한 학문이 아니다"Die Politik ist keine exakte Wissenschaft라고 말한 바를 참조하면서 이 경구는 수학적, 과학적 엄밀성과 구분되는 정치의 고유한 특징을 가리키는 말로 이해되기도 한다.

관청과 같은, 정치가 빚어낸 고체들은 종종 우리를 기만한다. 그
것들은 우리에게 너무나 견고하게 있는 것처럼 보이나 이는 저
고체들이 상상의 행위로 결집된 산물임을 망각한 결과다. 어떻
게 해서 지방 농촌에 살고 있던 한 소년이 병사가 되어 세계 다
른 지역으로 이동해 자신이 전혀 알지 못하는 이들을 죽여야 한
다는 이야기에 설득되는 것일까? 이를 위해서 그는 국경의 실체
를 확신해야 하고, 각 경계선 위에 우뚝 서 있는 더 넓은 국가 공
동체와 자신이 깊고도 신비로운 연합을 이루고 있음을 상상해야
한다. 베네딕트 앤더슨Benedict Anderson이 보여주었듯 국민(민족)-국
가nation-state*는 우리의 정치 개념이 규합하기 쉬운 '상상된 공동
체'Imagined Community의 중요한, 역사적으로 우발적인 유형이다.[1]

이 작은 책에서는 그리스도교 이야기에 뿌리내린 다른 종류
의 정치적 상상을 발휘하는 작업을 하려 한다. 세 장에서 나는
국가, 시민 사회, 세계화를 차례로 분석할 것이다. 나는 이 주제
와 관련해 교회는 그것들을 그 자체로 고유한 자율성을 지닌 것
으로 취급해야 한다는 주장을 당연시하지 않을 것이다. 대신 여

---

[1] Benedict Anderson, *Imagined Communities: Reflections on the Origin and Spread of Nationalism* (London: Verso, 1991) 『상상된 공동체 - 민족주의의 기원과 보급에 대한 고찰』(길)

* nation-state는 논의 맥락에 따라 민족 국가 혹은 국민 국가로 번역되는데, 이는 근대 국가의 탄생과 형성과정에서 '인종', '국민', '민족' 개념을 두고 상이한 지역적 특성이 복잡하게 관여하고 있기 때문이다. 본서에서 nation-state는 이런 미세한 구분이 필요하지 않고 일반적인 근대 국가를 가리키는 용어이기에 이후에는 nation-state를 국민 국가로 번역한다.

기서는 국가, 시민 사회, 세계화를 시공간을 상상하는 서로 맞물려 있으며 규율된 세 가지 방식으로 다룰 것이다.

순전히 '세속적인' 제도와 절차들과는 사뭇 다르게, 이 상상의 방식들은 신학적으로 깊은 유사성을 지닌 인간 본성과 인간 운명에 관한 이야기를 중심으로 단체들(몸들)bodies을 조직한다. 달리 말하면, (그리고 추정컨대) '세속적인' 정치 이론은 실제로는 위장한 신학이다. 이러한 맥락에서 1장에서 나는 근대 국가가 일종의 구원론soteriology, 곧 국가가 폭력으로부터 우리를 구해준다는 구원론에 기초하고 있음을 보이려 한다. 근대 국가가 거짓된, 혹은 '이단적' 구원론을 이야기하고 있음을 의식하게 될 때 참된 신학적 노선을 따라 시간과 공간을 다시 상상할 가능성도 열리기 마련이다.

필립 에이브럼스Philip Abrams와 몇몇 이들이 지적했듯 국가는 그 자체로는 존재하지 않는다.[2][*] 존재하는 것은 건물과 항공기, 세금 용지와 국경 순찰이다. 시간에 대한 공동 개념, 공동의 역사, 그리고 위험으로부터 구원을 받으려는 공동 운명을 지니고

---

[2] Philip Abrams, 'Notes on the Difficulty of Studying the State' in *Journal of Historical Sociology* 1, no.1 (March 1988), 77. 또한 Ralph Miliband, *The State in Capitalist Society: An Analysis of the Western System of Power* (New York: Basic Books, 1969)

[*] 지은이가 언급한 국가 성격 논쟁을 살펴보려면 다음을 참조하라. 플란차스, 밀리반드, 라클라우, 『국가권력과 계급권력: 현대 마르크스주의 국가론 논쟁』(까치, 1991), 필립 에이브럼스, 『역사사회학』(문학과 지성사, 1986)

서 특정 공간을 점유하는 공동체의 규율된 상상이 이것들을 '국민 국가'라고 불리는 프로젝트에 동원하는 것이다. 이때 상상은 단순히 더 실제적인 무언가를 가리키는 상징이나, 물질적 '토대'를 반영하는 비물질적인 '상부 구조'가 아니다. 물질의 생산과 문화의 생산은 분리되지 않는다. 정치적 상상은 사회 안에 있는 본체(몸들)를 조직할 가능성의 조건이다.

근대 정치는 광석에서 철 원소를 분리하듯 이전에 부적절하게 뒤섞여 혼동을 일으키던 성스러운 것과 세속적인 것을 적절히 분리해냄으로써 발견된 것이 아니다. 근대 정치는 발견된 것이 아니라 상상되고 발명된 것이다. 1장에서 보여주겠지만 '종교'를 초월자를 향한 개인의 내면적 경향으로 보는 관점 또한 상당히 최근에 만들어진 발명품이다.* 정치와 종교를 상상의 행위로 보는 작업은 그 역사적 우연성을 의식하는 것이다. 우리는 이러한 작업을 통해 정치와 종교가 오늘날 있는 방식처럼 계속 있어야 할 필요는 없다는 희망을 품게 될 수 있다. 또한 이 작업은 정치적 상상과 신학적 상상을 같은 토대에 두는 것이기도 하다. 이렇게 함으로써 신학적 상상은 대안적 시공간을 빚어낼 기회를 얻게 된다.

근대 그리스도교의 신학적 상상은 근대 정치를 지탱하는 이

---

* 개인 내면의 경향성inner disposition에 초점을 둔 종교 이해는 다음을 참조하라. William James, *The Varieties of Religious Experience: A Study in Human Nature* (Routledge, 2002), 28. 『종교적 경험의 다양성』(한길사)

야기들 사이에서 너무나 자주 길을 잃곤 했다. 크리스텐덤 모델의 경우 국민 국가가 정당하다는 것을 전제하고 이를 지도하는 가운데 기존에 확립된 자신의 자리를 유지하려고 애썼다. 새로운 크리스텐덤 모델은 세속권의 자율성이 정당함을 전제하고 신자 개개인이 정치 질서에 영향을 미치게 하고자 노력했다. '정치 신학'political theology과 '공공 신학'public theology은 국가와 시민 사회가 분리되는 것이 정당하다고 가정하고 교회를 시민 사회 속 하나의 이익 집단으로 자리매김하려 했다. 이러한 모델들 가운데 어떤 모델도 근대 정치의 상상이 지닌 신학적 정당성에 근본적으로 의문을 제기하지는 않았다.

마침내 도달한 세계화라는 현실은 시간과 공간에 대한 우리의 상상을 재구성할 기회인지도 모른다. 초국가적 상업과 정보는 하나의 지구촌을 약속하고 동시에 위협한다. 한때 너무나 견고해 보였던, 영토적 국민 국가를 규정한 경계들(정치 논쟁이 벌어지는 '공론장'을 표시했던 경계들, 외교 정책과 국내 정책, 외국인과 자국 시민을 예리하게 구분했던 경계들)이 이제는 틈과 구멍이 많은 것으로 드러났다. 이제 주권은 "영토를 중심으로 정의된 경계라기보다는 복잡하고 초국적 네트워크의 성격을 지닌 정치 활동을 할 때 필요한 일종의 교섭 기구"로 이해하는 것이 좀 더 적절하다.[3]

---

[3] R. O. Keohane, David Held, Anthony McGrew, David Goldblatt, Jonathan Perraton, *Global Transformations: Politics, Economics and Culture* (Stanford, CA: Stanford University Press, 1999), 9. 『전 지구적 변환』(창작과비평사)

이는 단순히 국민 국가의 종말을 뜻하지 않는다. 3장에서 살펴보겠지만, 세계화는 근대 정치가 국민 국가가 지닌 가장 위험한 병리 현상 중 일부를 해결하기 위해 과도하게 그 폭을 넓히고 있음을 보여주는 징후다. 그럼에도 불구하고 세계화는 어떤 점에서는 정치적인 것을 보는 지배적인 방식과 불화한다. 적어도 근래의 유동적 상황은 그리스도교인들에게 오늘날 이루어지고 있는 그리스도교적 정치 참여의 지배적 방식을 재고할 기회를 제공한다고 볼 수 있다.

이러한 상황에서 그리스도교인들이 전진하며 결실을 볼 수 있는 유일한 길은 그리스도교 전통의 신학적 자원을 활용하여 시간과 공간을 좀 더 급진적으로 상상하는 것이라고 나는 확신한다. 정치적 평화를 내세우지만 실상은 거짓되고 살인적이며 세속적인 정치 신학들이 더는 그리스도교 신학의 위치를 정하게 내버려 둬서는 안 된다. 그리스도교 신학은 폭력의 수단으로 작동될 수 있는 모든 함의를 포기해야 한다. 하지만 동시에 그리스도교 신학은 정치적인 것과 사회적인 것이라고 배워온 것을 포함해 현 세계의 존재 방식을 단순히 긍정하는 주장에 굴복해서는 안 된다. 근대 정치가 확산되는 과정 이면에 놓인 상상이 거짓된 신학임이 드러나기만 하면 우리는 연대와 저항의 공동체를 만들 시간과 공간에 대한 참된 신학적 상상을 회복할 수 있다.

이어지는 장들에서는 그리스도교적 시간과 공간을 상상하게 해주는 독특한 자리로서 성찬에 초점을 맞출 것을 제안할 것이다. 공간과 관련해 성찬례는 몸을 빚어낸다. 전례로서 이 몸은 공적이다. 정확하게 몸으로서 그리스도의 몸은 개별 신자의 영혼에 은밀하게 자리 잡고 있는 영적 '의미'로 한정되지 않는다. 성찬례를 통해 파편화된 개인과 집단은 서로 연결되고 또 참여함으로써 공동체로 거듭난다. 나아가 전 세계에서 성찬을 나누는 공동체들은 하나의 전체Catholica를 이루는데 이는 보편적이면서도 실천은 언제나 지역적인 층위에서 행해진다. 이러한 방식으로 전全지구적인 것과 지역적인 것은 하나로 모이며 지역 공동체는 보편적인 것과 연합을 이루면 이룰수록 자신이 속한 지역의 삶과 더 긴밀하게 엮이게 된다. 시간과 관련해 성찬례는 과거 권력자들에게 처형당한 예수 그리스도의 죽음과 부활에 대한 '위험한 기억'dangerous memory*이 담긴 행위일 뿐 아니라, 미래에 임할 하느님 나라에 대한 종말론적 기대를 머금은 행위이기도 하다. 요한 지지울라스John Zizioulas의 표현을 빌리면 이 "미래에 대한 기억"memory of the future은 자본주의와 국민 국가 모두가 의존하고 있는 시간, 종말 혹은 목적 없이 끝없이 진행되는 시간의 획일적인 행군을 멈춰 세운다.** 성찬을 통해 그리스도교인은

---

* 아우슈비츠 참극을 비롯한 세계의 고통과 악의 실재와 마주하여 성찬 신학을 "위험한 기억"으로 주제화하면서, 기억anamnesis의 문제를 정치 신학화한 메츠의 논의는 Johann Baptist Metz, *Faith in History and Society: toward a practical fundamental theology* (New York: Crossroad, 1980) 참조. 아울러 William T. Cavanaugh, 'The Liturgies of Church and State', *Liturgy* 20, No. 1 (2005) 참조.

** 요한 지지울라스는 성 요한 크리소스토무스의 예식문("십자가, 부활, 승천,

현재 살아 있는 미국인, 혹은 독일인이나 영국인과 동료 시민이 될 뿐 아니라 우리보다 앞서간 천상의 시민들, 우리가 달려갈 때 마주하게 될 천상의 시민들과도 동료 시민이 된다.* 이러한 종말론적 관점 아래 우리는 모든 인류, 그리스도인과 비-그리스도인 모두를, 적어도 그리스도의 몸을 이루는 잠재적 구성원으로 대해야 한다. 따라서 성찬례가 공간과 시간을 구조화하는 방식은 우리가 정치를 상상하는 방식과 관련해 급진적인 함의를 지니고 있다. 이러한 함의에 대해서는 이어지는 장에서 상세하게 설명할 것이다.

그리스도교의 사사화私事化, privatization를 극복하고자 하는 근래 그리스도교의 시도들은 여러 가지 상호 연관된 이유로 인해 대부분 실패했다. 가장 중요한 이유는 세속화에 대한 계몽주의 이야기와 단호하게 결별하지 못한 무능함이다. 계몽주의 이야기는 직접적으로 정치화된 신학이 본질적으로 위험하고 폭력적이며 근대가 평화를 위해 종교로부터 권력을 가져오는 엄청난 봉사를 했다고 전제한다. 1장의 의도는 이 이야기가 역사적으로나 신학적으로나 잘못되었음을 보여주는 데 있다. 근대 국가가 우

재림을 기억하며 당신의 것 중 당신의 것을 당신께 드리나이다")을 인용하면서 "미래에 대한 기억"을 말한 바 있다. John Zizioulas, *Being as Communion* (Crestwood, N. Y.: St. Vladimir's Seminary Press, 1985), 180. 『친교로서의 존재』(삼원서원)

* "형제 여러분, 나는 그것을 이미 붙들었다고 생각하지 않습니다. 다만 나는 내 뒤에 있는 것을 잊고 앞에 있는 것만 바라보면서 목표를 향하여 달려갈 뿐입니다." (필립 3:13~14)

리를 초기 근대 '종교 전쟁'religious wars으로부터 구원했다는 신화는 역사적으로 사실이 아니다. 역사 속에서 근대 세속 국가는 우발적으로 등장했으며 이전 못지않은, 더 많은 폭력을 낳았다. 그리고 이는 정치를 세속화했기 때문이 아니라 국가를 통해 구원을 이루려는 이단적 신학이 그리스도의 몸에 대한 상상을 대신했기 때문이다.

오늘날 그리스도교의 '공적' 성격을 되살리려는 시도는 대부분 시민 사회에서 교회를 위한 공간을 개척하는 방식으로 진행되고 있다. 이때 시민 사회 영역은 국가와 독립되어 있고, 누구든 자유롭게 참여할 수 있는 영역으로 간주된다. 그럼에도 그리스도교 담론은 공적 논의가 이루어지는 장으로 직접 들어갈 수 없다. 2장에서 논의하겠지만 국가 권력과 시민 사회는 실제로 중첩된다. 이와 관련해서 정치를 실증적으로 묘사함으로써 국가와 시민 사회의 구별에 대해 문제를 제기할 것이다. 또한 자유로운 참여에 대한 상상은 제자도의 급진적 요청을 '공적 이성'public reason으로 바꿈으로써 복음을 감시하고 왜곡한다. '공적 이성'은 복음이 국민 국가의 목표와 충돌하게 되면 전자를 유효하지 않은 것으로 간주한다.* 추정컨대 공적 포럼에서 그리스도교 신학

---

* (종교, 철학, 도덕 등) 포괄적 교의와 구분을 지으면서 정치적 자유주의 모델에서 제시하는 '공적 이성'public reason 개념에 관해서는 John Rawls, *Political Liberalism* (Columbia University Press, 2005) 『정치적 자유주의(증보판)』(동명사) 특히 일반보급판 서문에 나타난 종교와 공적 이성에 대한 논평을 참고하라.

담론은 '세속적' 중립성의 이름으로 배제되는데, 세속적 중립성은 실제로는 상상된 공동체, 즉 국가를 중심에 둔 거짓된 공적 단체(몸)에 유리하도록 그리스도의 몸을 주변화한다.

3장에서는 국민 국가 이후의 논의와 최근에서야 그리스도교 신학 담론에 들어온 세계화를 다룬다.[*] 어떤 이들은 세계화를 근대 정치의 국민 국가 중심의 병리를 넘어서는 새로운 보편성으로 간주하고 이러한 추세에 찬사를 보낸다. 급속도로 지구화된 세계에서는 국민 주권으로 제한된 정치 담론의 특수성을 극복하는 보편성이 열린 것처럼 보이기 때문이다. 그러나 이 장에서는 세계화가 국민 국가를 종식한 것이 아니라 지역적 공동 공간이 영토 주권 국가의 권위로 포섭되는, 특수에 대한 보편의 지배라는 국민 국가 프로젝트가 과도하게 확장된 것이라고 볼 것이다. 이때 세계화는 진정한 보편적 몸에 대한 그리스도교적 개념에 담긴 보편성과 지역성의 복잡다단한 관계를 얼버무리는 거짓된 보편성이다.

이 책은 역사에서 교회가 자행해 온 수많은 범죄에 책임이 없

---

[*] 『전지구적 변환』 저자들은 지구화 논쟁의 흐름을 과대지구화론, 회의론, 변환론 등 세 가지로 정리한 바 있다. 과대지구화론자들hyperglobalists은 지구화 과정이 전통적인 국민 국가를 대체할 것으로 낙관하는 반면, 회의론자sceptics들은 국가 주권이 여전히 건재하며 전지구적 거버넌스로 잠식되지 않았다고 본다. 두 입장 사이 어딘가에서 변환론자들transformationalists은 근래의 지구화 과정이 유례없는 것이기는 하지만 추후 세계의 방향에 관해서는 열린 질문으로 남겨두면서 논쟁을 촉발하고 있다. 데이비드 헬드, 앤터니 맥그루, 데이비드 골르블라트, 조너선 페라틴, 『전지구적 변환』(창작과비평사) 참조.

음을 밝히는 책이 아니다. 도리어 이 책은 폭력에 공모했던 그리스도교 공동체들이 회개의 길을 걸어갈 때 수반되는 일련의 실천들을 요청하는 책이다. 물론 신학적 정치 역시 폭력에 면역력을 갖고 있지는 않다. 관건은 어떠한 신학, 어떠한 정치를 상상하느냐에 달려 있다. 소극적인 차원에서 이 책을 통해 내가 이야기하고자 하는 바는 초월이라는 닻줄을 떼어내고 권력을 풀어주는 작업이 세계에서 폭력을 감소시키는 것이 아니라 도리어 폭력을 자의적이고 더 격렬하게 만들었다는 것이다. 근대 정치의 허황된 신학적 상상의 일부를 드러내며 나는 독자들에게 우리가 근대의 쇠우리에 반드시 갇힐 필요는 없다는 희망을 전하고 싶다.* 이때 주목해야 할 것은 그리스도의 몸, 다시 말해 폭력에 저항하는 몸을 세우는 시공간에 대한 대안적 상상으로서의 성찬이다. 이 몸은 통치자들과 권세자들에게 상처 입고 부서졌으며 고통받는 이 땅에 희생 제물로 부어진 몸이다. 하지만 동시에 이

---

* 파슨스Talcott Parsons는 『프로테스탄티즘의 윤리와 자본주의 정신』을 영역하면서 베버의 개념어 "Stahlhartes Gehäuse"를 "쇠우리"Iron Cage로 옮겼다. 베버는 자본의 세계가 벗어날 수 없는 힘으로 인간을 점차 지배하게 되면서 근대인이 자본주의 관료적 합리성의 굴레인 "쇠우리"에 갇힌 운명에 처하게 되었다고 보았다. 이러한 상황에서 베버는 "미래에 누가 저 쇠우리/강철외피 안에서 살게 되는지" 자문하면서 "이 발전과정의 끝자락에 전혀 새로운 예언자들이 등장하게 되는지 혹은 옛 사상과 이상이 강력하게 부활하게 되는지, 혹은 둘 다 아니라면, '정신(영혼) 없는 전문인, 애정 없는 향락인'의 왜소한 자기 중시로 치장된 기계화된 화석화가 도래할지" 자신은 알지 못한다고 말한다. 탈마법화의 근대 관료적 합리화 과정을 돌이킬 수 없는 운명으로 받아들였기에 베버에게는 옛길, 즉 공적인 장에서 종교로의 전향 가능성은 비관적으로 묘사된다. 막스 베버, 『프로테스탄티즘의 윤리와 자본주의 정신』(길, 2010), 365~366 참조.

몸은 부활로 저 어두운 세계를 넘어선 몸이며 경이로운 방식으로 역사의 시간을 꿰뚫고 들어오는 하느님 나라와 세계 정치를 뒤흔드는 왕이신 그리스도를 가리키는 징표다.

제1장

___

국가가 구세주라는 신화*

인류는 친교를 나누기 위해 창조되었지만, 모든 곳에서 갈라져 있다. 이 말은 이 장의 목적에 비추어 창세기 1~11장을 다소 과감하게 요약한 것이다. 예민한 독자라면 이 말이 현대 지성사에서 가장 널리 알려진 루소Jean-Jacques Rousseau의 『사회계약론』 Du Contrat Social의 여는 말("인간은 자유롭게 태어나 어디에서나 쇠사슬에 묶여 있다")과 의도적으로 상응하게 했음을 알아챌 것이다.[1] 언

___

[1] Jean-Jacques Rousseau, *The Social Contract* (South Bend, IN: Gateway Editions, 1954), 2(1권 1장). 『사회계약론』(후마니타스)

* 1장 제목(The Myth of the State as Saviour)은 독일 철학자 에른스트 카시러Ernst Cassirer의 사후 출판된 저서 『국가의 신화』The Myth of the State를 상기시킨다. 카시러 말년에 쓰여진 이 저작은 20세기 파시즘에 나타난 정치 신화의 사상사적 연원을 추적하고 있다. 동시대에 집필된 아도르노Theodor Adorno 가 『계몽의 변증법』Dialektik der Aurklaerung에서 계몽과 신화의 상호 얽힘을

뜻 창세기와 『사회계약론』은 저술 의도가 사뭇 다른 것처럼 보이지만, 둘 다 인류의 협력과 분열에 관한 근원적인 이야기를 다루고 있다는 점에서 유사하다. 근대성은 정치 이론을 신화적인 성격을 지닌 것으로 보는 데 익숙하지 않다. 하지만 근대 국가는 자연과 인간 본성, 인간 갈등의 기원, 그리고 국가 자체의 구현을 통한 갈등 해결과 같은 특정한 이야기에 바탕을 두고 있다. 이 장에서는 이를 창조, 타락, 구원이라는 그리스도교 이야기에 반하는 이야기로 읽으며, 둘 다 궁극적으로 인류를 괴롭히는 분열들로부터 인류를 구원하는 동일한 목표를 갖고 있다고 주장할 것이다. 즉 근대 국가는 교회의 구원론에 맞서 새로운 구원론을 제시한 것이다. 두 구원론은 모두 사회적 신체(몸)를 빚어냄으로써 평화와 분열의 종식을 추구한다. 국가state는 16, 17세기 '종교전쟁'에서 유럽을 구원하는 국가의 필요성에 관한, 널리 수용된 신화에 바탕을 두고 있다. 나는 이 장에서 이러한 전쟁들을 통상적으로 논의하고 있는 방식이 잘못되었으며, 국가라는 몸은 그리스도의 몸에 대한 거짓된 모상, 시뮬라크룸simulacrum이라고 이야기할 것이다.

여기서 '국가'는 지난 4세기 동안 발흥한 독특한 제도를 가리킨다. 국가는 중앙집권적이며 추상적 권력을 통해 지리적으로 규정된 영토에서 물리적 강제력을 독점한다. 물론 실제 국가들

드러낸 반면, 카시러는 『국가의 신화』에서 신화적 사유와 비판적 이성을 구분한다.

사이 및 이론상 국가와 실제 국가 사이의 차이를 간과해서는 안된다. 그럼에도 근대 국가들이 공유하고 있는 것으로 보이는 병리(특히 원자화된 시민)와 병리학pathology을 정립할 때는 이 국가들에서 공통으로 발견되는 이야기를 일반적으로 쓰는 용어로 풀어내는 것이 유용하다고 생각한다.

이 장에서는 먼저 바울, 요한, 그리고 여러 교부가 해석한 창조, 타락, 구원에 관한 그리스도교 이야기를 근원적 연합primal unity의 상실과 회복으로 이야기할 것이다. 그다음에는 국가의 작동 원리를 통해 인류의 분열disunity이 자아내는 치명적인 영향으로부터 인류를 구원하려는 시도로 홉스Thomas Hobbes, 로크John Locke, 그리고 루소의 저작을 독해할 것이다. 이후에는 '종교 전쟁'의 신화를 해부하고 이러한 전쟁이 종교에 의해 야기된 것이 아니라 근대적 종교 개념을 탄생시킨 것과 결부되어 있음을 살펴볼 것이다. 마지막으로는 왜 국가가 우리를 구원하지 않았는지를 묻고 국가에 대한 대항-정치counter-politics로서 성찬을 이야기할 것이다.

I. 그리스도교 이야기

카인의 형제 살해, 노아 세대의 사악함, 그리고 바벨의 흩어짐은 창세기 1장의 창조 이야기에 나타난 인류의 자연적 연합을 배경으로 할 때만 이해될 수 있다. 그리스도의 몸으로 나타나는 초자연적인 연합은 하느님의 형상을 따라 창조된 인류, 모든 것에 앞선 인류의 이 자연적 연합에 바탕을 둔다(창세 1:27). 언젠가 앙리 드 뤼박Henri de Lubac은 교부들의 인간학에 대해 다음과 같이 요약했다.

> 하느님의 형상은 개인마다 다르지 않으며
> 모든 면에서 동일하다.

> 하느님 안에, 하느님을 향해 참여함으로써 영혼은 실존하게 된다. 또한 동시에 이를 통해 각 영혼은 연합을 이룬다.[2]

드 뤼박이 말했듯 영혼들의 연합은 하느님 안에서의, 하느님을 향한 참여에 근거를 둔다. 그렇기에 그리스도교에서 이야기하는 삼위일체 하느님이 '세 신'three Gods이 아니듯 그리스도교 이야기에서 인류는 복수형이 아니다. 그리스도교에 따르면 하느님께서 창조하시고 구원하시는 대상은 개별적인 존재'들'이 아니라 '온 인류'다. 창조 활동의 시작부터 있던 이러한 본질적 연합은 국적과 무관하게 모든 사람이 하느님의 부름을 받았다고 하는, 참된 보편 교회Church truly Catholic의 자연적 원천이다. 이러한 맥락에서 알렉산드리아의 클레멘스Clement of Alexandria는 말했다.

---

[2] Henri de Lubac, *Catholicism: Christ and the Common Destiny of Man* (San Francisco: Ignatius Press, 1988), 29.

한 분 대제사장이신 영원한 예수께서 모든 이를 위해 중보하시며 모든 이를 부르십니다. 그분께서는 외치십니다. "귀 기울여라. 만인아. 그리스인이나 비그리스인이나 이성을 받은 모든 이들아! 아버지의 뜻을 이루는 이로서 너희 모든 인류를 부른다. 귀 기울이라, 그리고 내게 오라. 한 분 하느님 아래. 그리고 하느님의 로고스 아래 하나로 잘 정돈된 연합으로 모여라."[3]

바울이 로마인들에게 "한 사람을 통해 죄가 이 세상에 들어왔고 죽음은 죄를 통해 들어왔으며, 모든 사람이 죄를 지었기에 죽음이 온 인류에게 미치게 되었다"(로마 5:12)고 설명할 수 있는 것은 바로 이런 연합 때문이다. 아담은 단순히 첫 번째 '개인'이 아니며, 전체 인류를 대표한다.[4] 하느님께 아담이 불순종한 결과로 이 피조된 연합은 깨졌다. 아담과 이브가 하느님의 자리를 찬탈하려 한 시도("네가 그것을 먹을 때 네 눈이 밝아지겠고, 네가 하느님과 같이 되리라"(창세 3:5))로 인해 하느님 안에서 인간의 조화로운 참여는 중단되었고 이는 필연적으로 인간의 연합에 분열을 가져왔다. 하느님의 형상을 통해, 하느님을 향해, 하느님 안에서 이루

---

[3] Clement of Alexandria, *Protreptic*, c.12, Henri de Lubac, *Catholicism*, 32~33에서 재인용.

[4] 인류학자들이 '이브'와 '루시'에 대한 최근의 발견과 관련해 인류일조설(人類一祖說, 인류단일조상설)에 대한 흥미로운 물음을 제기하고는 있지만, 여기서 내가 발전시키고 있는 견해는 반드시 하나의 생물학적 조상들의 역사적 존재에 의존하지 않는다.

어지는 우리의 참여는 서로를 향한 참여이기도 하기 때문이다. 이 혼란은 아담이 죄악을 이브 탓으로 돌리려는 시도(창세 3:12)에서 비롯했다. 그리고 이 타락은 분열과 분쟁으로 이어진다. 창세기 4~11장은 분열과 분쟁 이야기로 가득하다. 카인은 아벨을 살해하고 "온 땅은 폭력으로 가득 차게 되었다"(창세 6:11). 바벨 이야기는 타락의 역학을 압축적으로 보여준다. 인류는 하느님의 자리를 넘보고 빼앗으려 하며 그 결과 뿔뿔이 흩어지게 된다(창세 11:1~9). 이러한 일련의 이야기들은 창조 이야기에서 태초의 연합에 반하는 이야기로 볼 때만 온전히 이해할 수 있다.

탁월한 저서 『가톨릭주의』Catholicism에서 앙리 드 뤼박은 교부들의 문헌들을 살피며 그들이 이 주제를 어떻게 이야기했는지 추적한다. 고백자 막시무스Maximus the Confessor는 타락을 나의 소유와 당신의 소유 사이에 아무런 모순이 존재하지 않았던 피조된 연합이 깨져 흩어진 것으로 이해했다. 알렉산드리아의 키릴루스Cyril of Alexandria는 "사탄이 우리를 갈라놓았다"고 썼다. 아우구스티누스Augustine는 아담의 타락을 도자기 인형이 떨어져 산산이 조각나 온 세상을 가득 채우고 있는 것으로 묘사한다.[5] 이러한 논의들을 살핀 뒤 앙리 드 뤼박은 말한다.

---

[5] Henri de Lubac, *Catholicism*, 33~34. 이와 관련하여 드 뤼박은 "죄가 있는 곳에 다양성이 있다"는 오리게네스의 금언을 언급한다. 하지만 연합과 다양성을 대립시키는 것은 구원에 관한 '파시스트적인' 논의를 가능하게 한다. 바울은 그리스도의 몸 안에서 다양성을 통한 연합을 설명함으로써 이를 피하고자 했다.

오늘날 우리가 거의 전적으로 행하는 것은 각각 개별적인 본성 안에 숨겨진 흠이 무엇인지를 발견하는 것, 달리 말하면 문제의 원인을 기계론적으로 접근하는 것이다. … 그러나 교부들은 수많은 자연적 대립의 핵심을 바로 그 개인들의 질서로 간주하고, 그 질서를 마음에 그리는 것을 선호했다.[6]

다시 말해 죄의 영향으로 인해 발생한 것은 개인과 집단의 존재론적인 구별을 만들어내는, 개인들의 창조다.

죄가 하느님과 인간, 인간과 인간 사이에 적개심을 불러일으켜 분열을 강화한다면, 구속은 그리스도의 몸에 온 인류가 참여케 함으로써 연합을 회복하는 형태를 취한다. 개인의 구원은 온 인류를 향한 그리스도의 구원을 통해서만 이루어진다. 그리스도는 인류 전체를 맡으시기에 새로운 아담이다. 성육신을 통해 하느님께서는 단순히 한 개인의 몸뿐 아니라 그러한 인간의 본성까지 취하신다. 알렉산드리아 학파의 이야기를 빌려 말하자면 "하느님께서 취하시지 않은 것은 구원받을 수 없기 때문"이다.[*] 인간의 몸뿐 아니라 인간의 본성 또한 그리스도와 결합함으로써

---

[6] Henri de Lubac, *Catholicism*, 34.

[*] 나지안주스의 그레고리우스Gregory of Nazianzus는 서신 101에서 말했다. "인간 정신을 결여한 인간 존재에 자기의 소망을 두는 자는 누구든지 자신이 참으로 지각이 없는 자이고, 완전한 구원을 받을 자격이 없다. 취해지지 않은 것은 치유될 수 없기 때문이다. 구원받는 것은 하느님과 결합되는 것이다." 헨리 비텐슨, 『후기 기독교 교부』(크리스챤다이제스트, 2010), 145 참조.

구원을 받는다. 이러한 맥락에서 그리스도의 몸은 인간성 안에 있는 하느님과 하느님 안에 있는 인간성이 서로 참여하는 중심 공간이다.

바울이 고린토 교회 구성원들에게 설명했듯 그리스도의 몸 안에서 지체들은 모두 하나로 연결되어 있으며 몸은 (한 지체가 아니라) 많은 지체로 이루어져 있다.* 각각의 지체는 서로 다르고, 다른 지체로 교체될 수 없다. 이러한 그리스도의 몸을 이루는 지체들 사이에 형식적인 평등은 없다. 어떤 지체는 강하며 어떤 지체는 약하다. 하지만 더 약한 지체들은 더 큰 영광을 받는다(1고린 12:4~31). 나아가 각 지체는 단순히 머리 되신 그리스도의 개별적인 지체가 아니라 실제 몸이 그러하듯 서로 연결되어 있다. 지체들은 "분리되어 있으나 평등한"separate but equal** 관계에 있지

---

* "은총의 선물은 여러 가지이지만 그것을 주시는 분은 같은 성령이십니다. 주님을 섬기는 직책은 여러 가지이지만 우리가 섬기는 분은 같은 주님이십니다. 일의 결과는 여러 가지이지만 모든 사람 안에서 모든 일을 이루어주시는 분은 같은 하느님이십니다. … 성령께서는 각 사람에게 각각 다른 은총의 선물을 주셨는데 그것은 공동 이익을 위한 것입니다. … 성령께서는 이렇게 당신이 원하시는 대로 각 사람에게 각각 다른 은총의 선물을 나누어주십니다. 그리스도의 몸과 지체 몸은 하나이지만 많은 지체를 가지고 있고 몸에 딸린 지체는 많지만 그 모두가 한 몸을 이루는 것처럼 그리스도의 몸도 그러합니다. 유대인이든 그리스인이든 종이든 자유인이든 우리는 모두 한 성령으로 세례를 받아 한 몸이 되었고 같은 성령을 받아 마셨습니다. 몸은 한 지체로 된 것이 아니라 많은 지체로 되어 있습니다." (1고린 12:4~14)

** 저자는 "분리되어 있으나 평등한"separate but equal이라는 표현을 통해 미국의 분리평등정책을 상기시킨다. 1868년 미국연방대법원은 인종분리정책이 수정헌법 14조에 위배되지 않는다는 판결을 내리며 저 표현을 썼

않다. 모든 지체는 "한 지체가 고통을 당하면 다른 모든 지체도 함께 아파하(고) … 한 지체가 영광스럽게 되면 다른 모든 지체도 함께 기뻐"(1고린 12:26)하게 되는 방식으로 서로에게 참여한다. 그리스도의 몸에 결합함으로써 인류는 퇴색된 하느님의 형상을 회복한다.

> 새 사람을 입으십시오. 이 새 사람은 자기를 창조하신 분의 형상을 따라 끊임없이 새로워져서, 참지식에 이르게 됩니다. 거기에는 그리스인과 유대인도, 할례받은 자와 할례받지 않은 자도, 야만인도 스구디아인도, 종도 자유인도 없습니다.
>
> (골로 3:10)

에페소인들에게 보낸 편지는 유대인과 이방인이 적대하는 상황을 빌어 이러한 화해의 의미를 설명했다.

> 그리스도는 우리의 평화이십니다. 그리스도께서는 유대 사람과 이방 사람이 양쪽으로 갈라져 있는 것을 하나로 만드신 분이십니다. 그분은 유대 사람과 이방 사람 사이를 가르는 담을 자기 몸으로 허무셔서, 원수 된 것을 없애시고, 여러 가지 조문으로 된 계명의 율법을 폐하셨습니다. 그분은 이 둘을 자기 안

다. 이후 이 정책으로 야기된 인종차별 문제들로 인해 분리평등 정책은 1950~60년대에 폐지 및 말소된다.

에서 하나의 새 사람으로 만들어서 평화를 이루시고, 원수된 것을 십자가로 소멸하시고 이 둘을 한 몸으로 만드셔서, 하느님과 화해시키셨습니다. (에페 2:14~16)

유대인과 이방인의 이러한 화해는 이스라엘로 모이는 모든 민족의 종말론적 회합에 대한 고대를 담고 있다. 이스라엘 안에서 모든 민족은 복을 누리게 된다(창세 12:3). 예수는 민족을 위해 돌아가시고 "민족…뿐만 아니라, 흩어져 있는 하느님의 자녀를 한데 모아서 하나가 되게 하기 위하여"(요한 11:52) 돌아가신다.

저 종말론적 회합은 전적으로 현세적인 사건도, 전적으로 내세적인 사건도 아니며 시간적인 것the temporal과 영원한 것the eternal 사이의 경계를 흐릿하게 한다. 진실로 개별 영혼은 구원을 통해 영원한 생명을 약속받지만, 구원은 단순히 선한 개인이 세상의 폭력에서 탈출하는 것이 아니다. 오히려 우리는 이미 부분적으로 현존하는 새 하늘과 새 땅을 기다린다.

그러나 우리는 주님의 약속을 따라 정의가 깃들여 있는 새 하늘과 새 땅을 기다리고 있습니다. (2베드 3:13)

나는 새 하늘과 새 땅을 보았습니다. 이전의 하늘과 이전의 땅은 사라지고 바다도 없어졌습니다. (묵시 21:1)

지복직관至福直觀, beatific vision은 이 땅에서 시작된 인류의 연합이 충만하게 완성에 이른 상태를 뜻한다. 아우구스티누스가 말한 것처럼, "우리는 모두 그리스도 예수 안에 있다. 우리가 믿음으로 이 삶의 길을 따라 걸어 이 위대한 경이를 달성한다면, 우리가 얼굴을 마주 보게 될 때 지복직관은 얼마나 더 완벽하게 이 연합을 실현할까?"[7] 두 도성에 대한 아우구스티누스의 전망에서 인류의 연합은 이 땅에 있는 제국의 한계를 넘어 참된 시민권을 찾는 그리스도인들에 달려 있다. 그리스도인은 자신의 진정한 본향이 하늘에 있음을 알고 지상의 도성civitas terrena을 통과하는 삶의 여정을 밟는다. 하지만 이때 하늘에서 이루어지는 동료 시민들과의 친교는 이 땅의 정치로부터의 도피가 아니다. 이는 도리어 교회를 통해 지상의 도성에서 자행되는 거짓 정치를 급진적으로 가로막는 것이다. 이러한 맥락에서 아우구스티누스는 천상(그리고 지상)에서 이루어지는 성도들의 교제를 로마 제국의 폭력적인 개인주의와 대조시킨다. 로마 제국이 이야기하는 덕은 자신의 소유를 강화하면서 자기를 부풀리는 지배권dominium에 기초해 있다. 그러나 참된 '정치'를 하는 곳은 지상과 천상을 이어 연합케 하는 교회다. 지상의 도성은 참된 공화국res publica이 아니다. 하느님을 참으로 경배하지 않는 곳에는 참된 정의도, 참된

---

[7] Augustine, *in Galat. expositio* n. 28, Henri de Lubac, *Catholicism*, 112에서 재인용.

공동체도 없기 때문이다.[8]

II. 국가 이야기

근대 국가에 대한 고전적 이론가들이 들려주는 태초의 이야기들은 자연 상태에서 시작된다. 이러한 자연 상태가 타락 이전 혹은 타락 이후로 특징지어질 수 있는지 아닌지는 사상가에게 달려 있다. 그리스도교인이 아닌 루소는 인류가 본래 자유로웠다고 가정하지만 어떻게 이를 상실했는지에 대해서는 불가지론의 입장을 취한다.

자유에서 속박으로의 이런 변화는 어떻게 일어났을까?
모르겠다.[9]

홉스나 로크 모두 오염되지 않은 타락 이전의 상태를 설명하려고 노력하지 않는다. 다만 자연 상태를 아담부터 시작해 하느님께서 정하셨다고 간주할 뿐이다. 홉스에 따르면 하느님은 보상과 처벌의 체계를 세우셨다. 이러한 체계 아래서 아담의 죄는 타락한 것이다.

---

[8] Augustine, *The City of God* (New York: Modern Library, 1950), 686~709(XIX, 11~28). 『신국론』(분도출판사) 아우구스티누스 사상에 대한 밀뱅크의 논의도 참조하라. *Theology and Social Theory* (Oxford: Blackwell Publishers, 1990), 389~392, 398~411. 『신학과 사회이론』(새물결플러스)

[9] Jean-Jacques Rousseau, *The Social Contract*, 2(1권 1장).

하느님이 인간을 통치하고 법을 어기는 이들을 처벌할 수 있다는 자연적 권리는 그분이 인간을 창조했기 때문에, 그 혜택에 대한 보은으로서 복종을 요구하셔서 생긴 것이 아니라, 그분이 지닌 불가항력irresistible power에서 나온다.[10]

여기서 하느님 안에서의 참여는 배제된다. 이러한 맥락에서 존 밀뱅크John Milbank가 주장했듯 근대 정치는 참여의 신학theology of participation을 의지의 신학theology of will으로 대체한 것에 토대를 두고 있다. 로고스로 인류를 자신 안으로 참여하도록 이끄는 삼위일체 하느님이 이제는 절대적인 힘을 가지고 개별 인간들의 더 낮은 별개의 의지들을 향해 명령하는 획일적인 신으로 대체된 것이다. 전통적인 그리스도교 신학은 아담과 이브가 그들의 참된 선과 유익에 반하는 행동을 했다고 말한다. 그리스도교 신학에서 하느님은 단순한 '의지'로 명령하신 것이 아니라 인류의 선함과 유익을 위해서 그 외 다른 방법으로는 명령하실 수 없다. 다시 말해 하느님의 의지는 선함과 뗄 수 없는 관계에 있다. 이러한 참여의 신학이 상실되면 목적론teleology, 즉 인간 삶의 본질적인 목적 역시 상실된다. 홉스는 아담의 불순종을 하느님의 자의적인 의지와 모순되기 때문에 처벌받을 수 있다고 해석할 것

---

[10] Thomas Hobbes, *Leviathan or The Matter, Forme and Power of a Common-Wealth Ecclesiasticall and Civil* (New York: Collier Books, 1962), 262(31장). 『리바이어던』(나남출판사)

이다. 로크 역시 자연 상태가 하느님의 우월한 '의지'에 따라 의지와 권리를 중시하는 형식적 메커니즘으로 특징지어졌다고 가정한다. 따라서 자연 상태에서는 "그들의 주인이자 지배자가 자신의 의지를 명시적으로 선언함으로써 어느 하나를 다른 하나보다 위에 놓도록 하지 않는 한" 각 개인은 공식적으로 분리되고 평등하다.[11]

본 논의의 목적상 중요한 점은 이 신화들이 태초의 연합을 기초로 하지 않고, 인류의 본질적인 개체성을 전제로 정부를 설립한다는 점을 아는 것이다. 루소가 인간이 자유롭게 태어났다고 했을 때 이는 다른 무엇보다 서로에게 자유로워졌음을 의미한다.* 이와는 대조적으로 창세기에 대한 그리스도교적 해석에서 진정한 자유의 조건은 다른 인간들과 함께 하느님 안에서, 하느님을 향해 참여하는 것이다. 이와 달리 널리 알려져 있듯 홉스는 만인에 대한 만인의 투쟁bellum omnis contra omnem을 자연 상태로 상정했다. 이는 정확하게 모든 인간의 형식적 평등으로부터 도출

---

[11] John Locke, *Two Treatises of Government* (New York: Dutton, 1924), 118~119(2권 §4). 『통치론』(까치)

* 루소는 『인간불평등기원론』에서 원초적 자연 상태를 재구성한다. 원시의 인간은 "싸움도 교제도 없으며 타인을 해칠 욕구가 없듯이 타인을 필요로 하지도 않는다". 행복한 상태의 자연인homme naturel이 자기분열을 경험하게 되는 계기는 타자의 시선을 의식하고, 타자로부터 주목받고 인정받으려고 하면서부터였다. "한편으로는 허영심과 경멸이 태어났고, 다른 한편으로는 수치심과 부러움이 생겨났다." 타인과 독립적으로 자신을 보존하기 위한 순수한 '자아에 대한 사랑'amour de soi은 타인과의 비교의식 속에서 자기를 더 중시하는 이기심 혹은 자기편애amour-propre에 빠지게 된다.

되는 갈등이다.[12] 로크는 홉스보다 자유롭고 낙관적이지만, 자연 상태에서 인간의 본질적인 개체성에 동의한다.

> 정치 권력을 올바로 이해하고 이를 그 기원으로부터 도출하기 위해서 우리는 모든 인간이 자연적으로 어떤 상태에 처해 있는 가를 고찰해야 한다. 그러한 상태란 사람들이 타인의 허락을 구하거나 그의 의지에 구애받지 않고, 자연법의 테두리 안에서 스스로 적당하다고 생각하는 바에 따라 자신의 행동을 규율하고 자신의 소유물과 인신을 처분할 수 있는 완전한 자유의 상태이다.[13]

홉스와 루소, 로크는 모두 자연 상태에서 인간이 다른 무엇보다 개체성을 지닌 개인이라는 점에 동의한다. 각 개인은 사회 계약에 기초해서 함께 모인다. 개인은 인신(인격)과 재산을 보호하기 위해 사회에 들어와 이 계약을 맺는다.

그러므로 근대 인간학의 기저에는 '나의 것'과 '너의 것'의 구별이 새겨져 있다. 국가에 대한 초기 근대 이론가들은 로마법을 따라 아담의 지배권을 자신의 것에 대한 주권과 권력으로 다시 규정했다.* 밀뱅크가 말했듯 전통적으로 지배권은 소유물에

---

[12] Thomas Hobbes, *Leviathan*, 98~99(13장).

[13] John Locke, *Two Treatises of Government*, 118(2권, §4).

* 주인이라는 의미의 라틴어 '도미니스'dominis와 관련된 '도미니움'dominium

대한 윤리적 관리와 결부되어 있었으며 이 때문에 절대적 권리
가 아니라 올바름과 정의라는 목적에 토대를 두고 있었다. 아퀴
나스Thomas Aquinas 사상에서 아담의 재산권은 사회에서 그 권리
를 행사할 때 얼마나 사회에 유익한 영향을 미치는지에 따라 정
당성 여부가 결정되는 '이용적 소유권'dominium utile에 기초를 두고
있다. 초기 근대 시기에 로마법의 영향으로 사용을 능가하는 교
환의 권리에 대한 아리스토텔레스적 의심은 자신의 인신(인격)과
재산을 통제할 수 있는 절대적인 권리에 자리를 내주었다. 이 운
동은 주의주의 신학voluntarist theology에 대한 인간학적 보완이었다.
그리하여 인간은 주권과 무제한의 재산권을 행사할 때 자신에게
있는 하느님의 형상을 가장 정확하게 예시한다는 생각이 힘을
얻었다.[14]

로크라면 로버트 필머Robert Filmer가 아담으로부터 절대 군주제
를 끌어낸 것을 논박하면서 "하느님께서는 아담과 그의 후손들
에게 이 세계를 공유물로 주셨다"고 말할 것이다.[15] 하지만 그리
고서 그는 이것이 재산을 공동으로 소유해야 하는 것을 뜻하지

은 주인으로서의 권리라는 점에서 지배권으로 번역된다. 지배권은 자
신의 내면을 지배하는 권리를 의미하기도 하고, 타자를 지배하고 판결
하는 권리를 뜻할 때도 있다. 또한, 외부 사물에 대한 지배권을 의미할
때는 소유권의 맥락에서 사용되기도 한다. 세속에 대한 지배와 세속 재
산에 대한 소유권을 두고 중세 교황과 황제의 대립, 프란치스코회의 청
빈 논쟁 등은 이후 초기 근대의 지배권 논의에 영향을 미쳤다.

[14] John Milbank, *Theology and Social Theory*, 12~15.

[15] John Locke, *Two Treatises of Government*, 129(2권, §25).

는 않는다고 서둘러 설명한다. 이는 하느님의 은총에서 타락한 결과가 아니라 개인들이 자연의 재화로부터 이익을 얻을 수 있는데 필요한 이성을 하느님이 선물로 주신 결과다.

> 대지와 모든 열등한 피조물은 만인의 공유물이지만, 모든 사람은 자신의 '인신'에 대해서는 '소유권'을 가지고 있다.[16]

개인들은 아직까지 소유권이 주장되지 않은 풍요로운 자연에서 나온 재화를 책정하고, 그들의 노동 혹은 '인신'을 섞고 보태면 이에 대한 독점적 소유권을 가지게 된다. 로크에 따르면 이 땅을 정복하고 그 지배권을 행사하라는 하느님의 명령은 사유재산권의 개발을 필요로 한다. 인간의 노동이 자연을 인류에게 유익한 것으로 만들고 아울러 재산을 자신의 것으로 확립하기 때문이다.[17]

루소, 홉스, 로크가 이야기하는 자연 상태의 본질적 개인주의는 창세기 1~2장에 대한 그리스도교적 해석에서 발견되는 인류의 창조된 연합과 대비를 이룬다. 그러나 두 이야기는 모두 구원이 경쟁하는 개인들 사이에서 평화를 이루는 문제라는 점에는 본질적으로 동의한다. 다시 말해 그리스도교 이야기Mythos와 국가의 이야기Mythos의 목적이 비슷해 보이는 이유는 둘 다 구원론

---

16 John Locke, *Two Treatises of Government*, 130(2권, §27).

17 John Locke, *Two Treatises of Government*, 132(2권, §32~34).

을 제시하기 때문이다. 홉스는 개인들 사이에 일어나는 경쟁을 가장 냉혹한 용어로 그려낸다. 자연 상태에 있는 본성적으로 평등한 두 사람은 오직 한 사람만 가질 수 있는 것을 서로 갖기를 바랄 것이다. 그러므로 인간의 자연적 평등으로부터 모든 만인에 대한 만인의 투쟁이 일어나고 이런 우리를 구원하는 것은 사회 계약으로 제정된 리바이어던이다. 루소는 자신이 아닌 다른 인간이 '자연적인 적'이 된다는 점을 부정하고,[18] 로크는 자연 상태와 전쟁 상태를 구분한다.[19] 그럼에도 불구하고 루소와 로크는 모두 개인이 다른 개인의 침해로부터 자신의 재산과 인신(인격)을 보호할 필요성 때문에 사회 계약으로 내몰리게 된다는 점에서는 홉스에 동의한다. 로크에 따르면 "자기 자신의 노동을 통해 얻은 것보다 다른 사람의 노동을 통해 얻은 열매를 취하기를 원하는 것이 인간의 고약한 마음씨이기 때문에" 개인들은 모두 사회에 들어가야만 한다.[20] 루소가 보기에 사회 계약은 "공동의 힘을 다해 각 회합원의 인격과 재산을 지키고 보호할" 필요성에서 비롯된다. 자연 상태는 지속될 수 없다. "인류는 존재 방식을 바꾸지 않으면 소멸할 것이다."[21]

　그리스도교의 구원론과 같이 국가의 구원론 역시 개인들이

---

[18]　Jean-Jacques Rousseau, *The Social Contract*, 9(1권 4장).

[19]　John Locke, *Two Treatises of Government*, 126~7(2권, §16~19).

[20]　John Locke, *A Letter Concerning Toleration* (Indianapolis: BobbsMerrill, 1955), 47. 『관용에 관한 편지』(책세상)

[21]　Jean-Jacques Rousseau, *The Social Contract*, 13(1권 6장).

충돌하는 가운데 일어나는 폭력에서 사회적 신체(몸)를 제정制定함으로써 이루어진다. '몸'이라는 은유는 홉스가 그린 거대한 리바이어던의 모습에서 가장 뚜렷하게 나타난다. 리바이어던은 인공 인간이자 커먼웰스common wealth,[*] 즉 국가이다. 국가 안에서 주권은 혼이고 관료들은 관절이며 상벌체계는 신경이다. 이 신체 정치의 각 부분을 제작하고 모으고 결합하는 약정pacts과 언약covenants은 창조 때의 명령fiat, 즉 하느님이 사람을 만들자는 선언을 닮았다.[22] 그렇다면 리바이어던은 새로운 아담이다. 그것은 인간이 빚어낸 창조물로서 개인 간의 갈등에서 우리를 구원해 준다. 홉스보다 널리 알려지지는 않았지만 루소와 로크 또한 사회적 신체라는 은유를 사용한다. 루소에게 있어서 '집합적·도덕적 신체'는 사회 계약의 결과이다. 그는 다음과 같이 말한다.

> 우리 각자는 공동으로, 자신의 인격과 모든 힘을 일반 의지의
> 최고 지도 아래 둔다. 그리고 우리는 단체로서 각 구성원을 전

---

[22] Thomas Hobbes, *Leviathan*, 19(저자 서론).

[*] 커먼웰스는 공화정을 가리키는 라틴어 레스 푸블리카res publica(공공의 복리)의 의미를 담고 있는 말로 공동common의 복리weal를 위해 조직화된 정치 공동체이다. 역사적으로 크롬웰Oliver Cromwell 통치 시기 대영제국을 지칭하는 말로 사용되어 홉스나 로크와 같은 17세기 정치저작에서 국가 공동체를 언급할 때 사용되었다. 과거 영국의 식민지였던 나라들이 2차대전 이후 독립한 이후 가입한 느슨한 형태의 국제기구는 영국 연방Commonwealth of Nations으로 불린다. 근래에 커먼웰스는 보다 다양한 방식으로 공통적인 것, 공공의 재산에 대한 정치적 상상과 관련해서 쓰이기도 한다.

국가가 구세주라는 신화 | 43

체의 분리 불가능한 부분으로 받아들인다.[23]

로크는 몸이라는 은유를 활용해 다수결의 지배에 관한 주장을 이어간다. 개인들이 동의함으로써 하나의 몸을 만든다면 그 "몸은 한 방향으로 나갈 수밖에 없다". 이 몸은 "더 커다란 힘이 이끄는 방향으로 움직이게 된다".[24]

III. 종교 전쟁

지금까지는 그리스도교 이야기와 국가 이야기를 모두 구원에 관한 설명으로 함께 다루었다. 여기에 더해 근대 국가의 구원론은 근대 국가가 무엇보다도 우리를 교회로부터 구원하려 한다는 사실과 별도로 다루어질 수 없다. 근대 세속 국가는 논쟁과 갈등을 초래하는 종교 파벌들 사이의 평화를 유지할 필요성 때문에 적확하게 건설된 것이라는 이야기로 진행된다. 근대 국가는 16세기와 17세기 '종교 전쟁'으로 인해 생겨났는데 이 안에는 정치 사회와 특별히 종교에 고유하게 내재된 충돌이 짙게 깔려있다. 이 이야기는 단순하다. 종교개혁으로 정치 사회의 종교적 공감대가 산산이 조각나자, 종교로 인해 고양된 열정이 풀려나게 되었고 가톨릭 신자들과 새로 탄생한 프로테스탄트 신자들이 각자 교리에 대한 충성을 명분 삼아 서로를 살해하기 시작했다. 가

---

[23] Jean-Jacques Rousseau, *The Social Contract*, 15(1권 6장).

[24] John Locke, *Two Treatises of Government*, 165(2권, §96).

톨릭 신자들은 루터파 이단자를 창으로 찌르며 소리친다. "분명 화체설이라고 말했다고!" 루터파 신자들은 교황주의로 변질된 이들을 향해 일제 사격을 가하면서 응답한다. "공재설이란 말이다!" 근대 세속 국가와 종교의 사사화는 이러한 종교적 파벌 간 전쟁으로부터 평화를 유지하기 위해 필요했다.

이 우화는 현대의 자유주의 정치 이론가들이 가장 좋아하는 우화다.[25] 주디스 슈클라Judith Shklar는 말했다.

자유주의는 … 잔혹한 종교 전쟁으로부터 발생했다. 자비를 베풀어야 한다는 그리스도교의 주장은 종교 전쟁의 잔혹성으로 인해 모든 종교의 제도와 종파에 대한 책망으로 되돌아 왔다. 신앙이 조금이나마 명맥을 이어왔다면 그것은 어디까지나 사적인 차원에서 그렇다. 당시 세워졌고 여전히 우리 앞에 있는

---

[25] 예를 들어 다음을 보라 John Rawls, 'Justice as Fairness: Political not Metaphysical', *Philosophy & Public Affairs* (Summer 1985), 225. Judith Shklar, *Ordinary Vices* (Cambridge, MA: Harvard University Press, 1984), 5. 『일상의 악덕』 (나남출판사) Jeffrey Stout, *The Flight from Authority: Religion, Modernity and the Quest for Autonomy* (Notre Dame, IN: University of Notre Dame Press, 1981), 13, 235~42.

* 종교개혁 당시 그리스도교의 의례인 성찬의 의미를 둘러싸고 교파마다 입장이 첨예한 방식으로 갈렸다. 가톨릭에서는 미사 때 성별된 빵과 포도주가 외양의 속성은 그대로 있지만 그 실체가 그리스도의 몸으로 변화되는 화체설化體說을 교의로 선언했다. 이에 반해 루터파는 공재설共在說을 통해 빵과 포도주의 실체가 변화되지는 않지만, 그리스도가 빵과 포도주 '안에in, 함께with, 아래under' 몸으로 임하신다고 주장했다. 근래에는 루터 본인이 공재설이라는 표현을 사용하지는 않았다는 점을 염두에 두면서 성사 중에 그리스도의 실재하심을 강조하는 성사적 실재론Sacramental Realism의 맥락에서 루터의 입장을 조망하기도 한다.

대안은 고전적 덕성과 자유주의적 자기 탐닉 사이에 있지 않았다. 그것은 잔혹한 군대와 도덕적 억압 사이, 그리고 폭력과 모든 시민의 자유와 안전을 보호하도록 권력자들을 속박하는 자기 억제적인 관용 사이에 존재한다. …[26]

제프리 스타우트Jeffrey Stout에 따르면 종교개혁에 뒤따라 종교들이 증폭되면서 당국을 향한 이들의 호소는 공존할 수 없었다. 이 문제는 합리적으로 해결할 수 있는 사안이 아니었다. 스타우트는 말했다.

경쟁하는 종교적 신념들과 좋음에 대한 일치하지 않는 개념들이 유럽을 종교 전쟁으로 몰아갔을 때 자유주의 원칙을 채택한 것은 올바른 것이다. … 초기 근대 우리 선조들이 종교 간의 불화로 인한 부작용을 최소화하고자 공적 담론을 세속화한 것은 옳았다.[27]

여기서는 이 이야기가 문제를 거꾸로 놓았음을 보이려 한다. '종교 전쟁'은 근대 국가의 탄생을 필요로 한 사건이 아니었다. 실제로 '종교 전쟁'은 그 자체가 국가의 산고産苦였다. 이 전쟁은 단순히 '프로테스탄트주의'와 '가톨릭주의' 사이에 일어난 갈등

Judith Shklar, *Ordinary Vices*, 5.

[27] Jeffrey Stout, *The Flight from Authority*, 241.

이 아니었으며 중세 교회 질서의 부패한 잔재들 너머로 신흥 국가들이 자신의 지위 확대를 위해 일으킨 거대한 싸움이었다. 이는 '종교 전쟁'이라고 통칭하는 전쟁들에서 단순히 정치·경제적 요인들만이 주요했다는 것을 이야기하는 게 아니며, 종교보다 일상적인 관심사로 손쉽게 환원시킴으로써 당시 그리스도교를 정당화하는 것도 아니다. 다만 저 시기에 일어난 충돌을 '종교 전쟁'이라고 부르는 것은 시대착오적이다. 저 전쟁들에서 문제가 되었던 것은 정치와 직접적인 연관을 맺고 있지 않은 사적 신앙의 집합으로서의 종교를 창설한 것이었다. 종교는 새로운 국가가 시민들에 대해 절대적인 주권을 확보하기 위해 새로운 방식으로 창설되었다. 이 글에서는 평화를 만드는 존재로 근대 국가를 상정하는 구원론에 도전하고, 국가 폭력에 대한 그리스도교적 저항의 성공 여부는 저항을 위한 교회의 자원들을 회복하는 데 달려 있음을 보여주고자 한다.

중세에 '스타투스'status라는 말은 둘 중 하나를 뜻했다. 즉 '스타투스'는 통치자의 여건('스타투스 프린키피스'status principis)을 가리키거나 일반적인 의미에서 왕국의 여건('스타투스 레그니'status regni)를 가리켰다. 마키아벨리Machiavelli의 저작들에서도 스타투스가 독립적인 정치 공역체로서의 국가라는 추상적인 의미로 이행되고 있음을 엿볼 수 있지만, '통치자와 피치자로부터 공히 분리된 형태의 공공 권력으로 일정하게 구획된 영토 안에서 최고의 정치적 권위를 구성한다'는 국가에 대한 근대적 관념은 16세기 프랑스 및 잉글랜드 인문주의자들의 저작들에 와서야 등장했다.[28] 중세에 최고의 공동 권력은 교회였다. 존 피기스John Figgis의 표현을 빌려 말하면 세속 당국은 '교회의 치안 부서'였다.[29] 16세기와 17세기에 일어난 충돌의 최종 결론은 근대 국가를 창조함으로써 세속 당국에 대한 교회의 지배를 뒤집는 것이었다. 피기스가 분명하게 말했듯 이러한 흐름의 주요 주창자들은 "마르틴 루터Martin Luther와 헨리 8세Henry VIII, 펠리페 2세Philip II였는데 이들은 적대 관계를 이루는 것처럼 보였으나 실제로는 함께 일했다".[30]

여기서 중요한 것은 교회를 세속 당국이 지배하기 시작한 일이 이른바 '종교 전쟁'보다 앞서 일어났다는 것이다. 이미 14세기에 교황주의자들과 공의회주의자들의 논쟁은 세속 권력의 구성에 있어서 상당히 새로운 변화를 가져왔다. 파두아의 마르실리우스Marsilius of Padua는 세속 당국만이 강제력을 사용할 수 있는 유일한 권리를 갖고 있다고 주장했다. 그는 강제력은 본질상 세속적이며 따라서 교회는 사법 기관이 아니라 오직 도덕적 기관으로만 이해될 수 있다고 말했다.[31] 루터는 1523년 논문「세속 권

---

[28] Quentin Skinner, *The Foundations of Modern Political Thought* (Cambridge: Cambridge University Press, 1978), vol. II, 353. 『근대 정치사상의 토대2』(한국문화사)

[29] John Neville Figgis, *From Gerson to Grotius, 1414-1625* (New York: Harper Torchbook, 1960), 5.

[30] John Neville Figgis, *From Gerson to Grotius, 1414-1625*, 6.

[31] Marsilius of Padua, *Defensor Pacis* (Toronto: University of Toronto Press, 1980), 113~126.

력, 어디까지 복종해야 하는가」Von weltlicher Obrigkeit, wie weit man ihr Gehorsam schuldig sei에서 이 주장을 받아들였다. 그는 모든 그리스도인이 영적인 것과 세속적인 것, 두 왕국 혹은 두 정부에 동시에 속한다고 단언했다. 루터에 따르면 강제력은 하느님이 정하신 것이지만, 죄인들 사이에서 공적 평화가 유지되게 하도록 세속 권력에만 주어진 것이다. 강제력이 세속의 것으로 규정되기 때문에 교회에는 하느님의 말씀을 전하는 것과 같은, 순전히 설득하는 권위만 남는다.[32]

루터는 교회가 속물이 되는 것과 칼을 휘두르는 것이 밀접한 연관이 있음을 통찰력 있게 알아보았다. 그의 목적은 어떤 정치라도 하느님의 뜻과 동일시되는 것을 막고 교회가 강제력에 얽히지 않도록 하는 데 있었다.[33] 하지만 세속 정부의 권력 사용을 신성시함으로써 루터는 교회를 제한하기 위해 발동된 평화 조성자로서 국가를 신화화하는 데 기여했다. 명백하게 세속 정부의 관할권과 교회의 관할권을 분리했지만, 루터의 논증은 결과적으로 교회의 독립된 관할권을 모두 부정하는 것이 되어버렸다. 「독일 그리스도인 귀족에게 보내는 글」An den christlichen Adel deutscher Nation에서 루터는 말했다.

---

[32] Martin Luther, 'Temporal Authority: to what Extent it Should be Obeyed' in *Luther's Works*, vol. 45 (Philadelphia: Fortress Press, 1962), 75~129.

[33] 우위 네토Uwe Siemon Netto는 이를 'Luther Vilified - Luther Vindicated', *Lutheran Forum*, vol. 27 (1993), no. 2, 33~39 그리고 no. 3, 42~49 에서 주장한다.

세속 권력은 악인을 벌하고 선인을 보호하기 위해 하느님이 제정하신 것이므로 그 사람이 교황이든, 주교든, 사제든, 수도사든, 수녀든 누구이든지 간에 그 신분과 관계없이 전 그리스도 교계에서 아무 장애 없이 자유롭게 적용될 수 있어야 한다고 나는 말한다.[34]

그리스도는 하나는 세속적이고 다른 하나는 영적인 두 몸이 아니라 한 몸을 지니신 분이다.

루터파의 두 왕국 교리는 중세의 양검론 은유metaphor of the two swords가 패배했음을 뜻한다.* 그 결과 교회재판소와 교회법을 아우르는 전체 체계는 제거되었다. 퀜틴 스키너Quentin Skinner가 말했듯 "교황과 황제가 각각 병행해서 보편적인 권력을 행사한다는 생각은 사라지고 교회의 독자적 관할권이 세속 권력에 양도

---

[34] Martin Luther, 'To the Christian Nobility of the German Nation' in *Three Treatises* (Philadelphia: Fortress Press, 1966), 15. 『말틴 루터의 종교개혁 3대 논문』(컨콜디아사)

* 중세 양검론의 전범으로 알려진 교황 겔라시우스 1세Gelasius I가 아나스타시우스Anastasius 황제에게 보낸 편지는 중세 천 년 동안 교회-국가 관계에서 중대한 위상을 차지했다. 이 세상이 통치되는 주된 원리는 두 가지 힘으로 구성되는데, 그것은 "사제의 신성한 권위auctoritas와 황제의 권력potestas이다". 두 권세 중에서도 하느님의 심판에 임할 때 인간의 왕을 감시해야 하는 사제들의 권위는 더욱 막중하다. 겔라시우스에 따르면 "인류를 통치하는 것이 허락된 황제라도, 신적인 것에서는 성직자들 앞에 겸손히 머리를 조아리고, 그들로부터 구원의 수단을 기다려야 한다".

된 것이다".[35] 교회는 차차 단순히 신앙을 키울 목적으로 하는 신도들의 집합체, 믿음을 지닌 이들의 모임congregatio fidelium이 되었다. 이제 교회가 행사할 수 있는 것은 구성원들의 영혼에 대한 순전한 내면적 통치뿐이다. 그들의 실제 몸을 통치하는 것은 세속 권력이다.

루터 시대 군주들이 이러한 교회관의 이점을 이해하기란 그리 어려운 일이 아니었다. 그리고 16세기 전반기에 교황의 특권을 찬탈한 이들이 프로테스탄트주의를 받아들인 군주들만이 아니라는 사실은 유념해야겠다. 독일의 가톨릭 군주들, 스페인의 합스부르크 가문, 프랑스의 발루아 가문은 모두 교황의 팔을 비틀어 자신들의 영역에서 교회에 대한 통제를 강화하면서 양보를 끌어냈다. 리처드 던Richard Dunn이 지적했듯 "카를 5세Karl V의 군인들은 1527년 비텐베르크가 아닌 로마를 약탈했다".[36] 신성로마 황제 카를 5세가 1547년 마침내 프로테스탄트들에게 관심을 돌려 최초의 종교 전쟁에 불을 붙였을 때 루터파 국가들에 대한 공격은 자신의 교리적 열정을 표현한 것이라기보다는 제국의 권위를 공고히 하려는 시도였다. 이는 가톨릭과 프로테스탄트 군

---

[35] Quentin Skinner, *The Foundations of Modern Political Thought*, vol. II, 15.

[36] Richard S. Dunn, *The Age of Religious Wars: 1559-1689* (New York: W. W. Norton & Company, 1970), 6. 또한 던은 말한다. "교황이 뒤늦게 개혁 프로그램을 후원했을 때 합스부르크 가문과 발루아 가문은 이에 대한 지지를 거절했으며 특히 자신들의 주권을 침해한 트리엔트 교령을 거부했다. 로마와의 협력을 거부하면서 가톨릭 군주들은 교회의 중세 정치권력을 회복하려는 교황의 야심을 견제했다."

주들도 마찬가지였다. 군주들은 합스부르크 왕가와 교회에 대립하면서 자신의 세력을 키워나갔다. 1552~1553년 (프랑스의 가톨릭 국왕 앙리 2세Henry II의 지원을 받은) 루터파 군주들이 제국 세력을 물리쳤을 때 독일 가톨릭 군주들은 중립을 지켰다.[37] 전쟁은 1555년 아우크스부르크 화의Peace of Augsburg와 함께 종식되었는데, 이로 인해 각 지역 단위의 세속 권력은 루터주의 혹은 가톨릭주의를 자신의 영역에서 선택할 수 있게 되었다. "제후의 영지 내에서는 제후의 종교를 따른다."cuius regio, eius religio*

역사가들은 종종 종교개혁과 대항-종교개혁Counter Reformation이 정치를 신학적으로 만들어 근대 국가로 향하는 세속화 경향을 지연시켰다고 주장한다. 16세기에 프로테스탄트 종교개혁자들과 가톨릭 적대자들이 모두 국가의 이념은 참된 종교 옹호를 포함해야 한다는 점에 동의한 것은 확실하다. 하지만 이는 그 자체로 문명의 적절한 질서에 대한 중세적 관념에서 근본적으로 벗어났다고 할 수 있다. 16세기 이전의 그리스도교계는 적어도 이론상으로는 세속 권력과 교회 권력이 하나의 몸을 이루는 다

---

[37] Richard S. Dunn, *The Age of Religious Wars: 1559-1689*, 48~49.

* '그의 왕국에, 그의 종교로' 번역되는 Cuius regio, eius religio 원칙은 아우크스부르크 화의에서 맺어진 핵심조항이다. 화의의 결과 신성로마제국 내 영주들은 자신의 영지에서 가톨릭과 루터파 가운데 어떤 종교를 선택할 수 있는 자유가 허락되었다. 영주의 종교를 따르지 않을 경우 이주할 권리가 부여되기는 했지만 개인에게 신앙의 자유가 완전히 허락된 것은 아니었다. 아우크스부르크 화의에서 인정된 프로테스탄트 교파는 루터파로 제한되어 있었고, 이 시기 칼뱅파는 여전히 승인받지 못했다.

른 부서이며 교회의 위계를 당연히 우선시해야 한다고 전제했다. 16세기는 하나의 몸이라는 개념은 유지했지만 관계를 뒤집어 좋은 군주가 교회를 다스리게 했다. 교회가 공공 영역에서 사라지게 된 것은 16세기 군주의 교회 지배에서 예비된 것이다.

제후의 영지 내에서는 제후의 종교를 따른다는 정책은 단순히 서로 다른 신앙에 대한 헌신으로 나뉜 사람들 사이의 유혈 사태를 막기 위한 분별력 있는 타협책을 넘어선 정책이었다. 이는 사실상 군주들의 욕망을 따라 사람들의 신앙이 통제받을 정도에 이르기까지 교회에 대한 세속 통치자들의 지배를 인정하는 것이었다. 이와 관련해 G. R. 엘튼G. R. Elton은 단도직입적으로 말했다.

종교개혁은 평신도 권력(군주 혹은 관료)이 선호하는 한 어디든지 유지되었다. 그러나 당국이 이를 억압하기로 결정한 곳에서는 생존할 수 없었다.[38]

초국가적인 교회 권위를 제한하려고 한 노력이 성공을 거두는 과정과 그러한 영역에서 종교개혁이 실패로 돌아간 과정 사이에는 직접적인 관계가 있다. 다시 말해 교황 권력과 세속 통치자들 사이에 협약을 맺을 때 이미 국가 경계 내에서 교회의 관할권을 제한한 곳이라면 군주들은 굳이 가톨릭주의의 멍에를 내

---

[38] G. R. Elton, 'The Age of the Reformation', Richard S. Dunn, *The Age of Religious Wars: 1559-1689*, 6에서 재인용.

던질 필요가 없다는 것을 알았다. 가톨릭교회는 이미 세속 권력의 발뒤꿈치 아래에서 단순히 입심만 좋은 단체로 크게 축소되어 있었기 때문이다. 프랑스에서는 1438년에 부르주 국사조칙Pragmatic Sanction of Bourges이 이를 달성했는데, 이는 임직세에 대한 교황의 징수를 제하고, 공석에 대한 후보자를 교황이 임명하는 권한을 빼앗았으며 여러 임지의 지원자들에 관해 호의적인 청원을 할 수 있는 교황의 특권을 왕권에 넘김으로써 이루어졌다. 1516년 볼로냐 정교협약Concordat of Bologna은 프랑스 왕이 임명과 수입에 대해 교회를 통제하는 것을 확언했다. 스페인에서는 1482년에서 1508년 사이에 왕권이 교권으로부터 더 많은 양보를 받아냈다. 프랑스와 스페인은 가톨릭으로 남았다. 잉글랜드, 독일, 스칸디나비아처럼 그런 협약이 마련되지 않았던 곳에서는 교회와 세속 통치자들 사이에서 충돌이 일어났는데(앞서 언급한 루터의 이야기를 기억하라) 이는 어떠한 방식으로든 종교개혁이 성공을 거두는 데 의미심장하게 기여했다.[39]

볼로냐 정교협약 이후, 프랑스의 국왕들과 카트린 드 메디시스Catherine de Medici는 프랑스에서 일어난 종교개혁의 아무런 이점도 보지 못했다. 교회에 대한 세속 지배의 조기 정착은 1515년부터 1547년까지 프랑수아 1세Francis I 통치 기간 강력한 중앙집권적 군주제가 구축되는데 결정적인 요소가 되었다. 칼뱅주의가

---

[39] Quentin Skinner, *The Foundations of Modern Political Thought*, vol. II, 59~60.

프랑스의 교회 체계에 도전하기 시작했을 때 이는 왕권에 대한 위협으로 간주되었다. 중앙집권적 통제에 맞서 대항하기를 간절히 바라던 지방 도시의 신진 부르주아지들이 대거 위그노에 합류했다. 또한 귀족 중 5분의 2나 되는 사람들이 칼뱅주의 대의에 결집했다. 그들은 절대 왕권으로 향하는 흐름과 자기네들의 땅에서 교회를 통제하는 독일 군주들의 탐욕스러운 권력을 뒤집고 싶어 했다.[40]

대학살을 선동한 이들에게 교리에 대한 충성심은 중앙집권적인 국가의 흥망성쇠와 관련된 그들의 이해관계에 견주면 부차적인 것이었다. 위그노와 가톨릭 귀족 파벌은 모두 왕권을 장악하기 위해 음모를 꾸몄다. 여왕 카트린 드 메디시스는 자신의 입장에서 두 진영 모두를 왕권을 유지하기 위해 활용하려 했다. 1561년에 열린 포와시 회담Colloquy of Poissy에서 카트린은 엘리자베스 1세Elizabeth I의 잉글랜드 국교회를 전범으로 해서 국가가 통제하는 교회 아래 칼뱅주의자와 가톨릭 신자 모두를 함께 있게 하려 했다. 이를 추진하는데 카트린은 별다른 신학적 양심의 가책을 느끼지 않았기에 가톨릭과 칼뱅주의 교회론이 그러한 주선을 훼방한다는 것을 알고서는 깜짝 놀랐다. 결국 카트린은 치국책statecraft이 신학보다 더 만족스럽다고 판단했고 위그노 귀족들이 국왕에게 너무 많은 영향력을 행사한다는 확신 아래 1572년 성

---

[40] Richard S. Dunn, *The Age of Religious Wars: 1559-1689*, 24. Quentin Skinner, *The Foundations of Modern Political Thought*, vol. II, 254~259.

바르톨로메오 축일에 수천 명의 프로테스탄트를 대상으로 한 대학살을 촉발했다. 수년 간 프로테스탄트와 가톨릭 파벌 사이를 오가며 속인 끝에 카트린은 마침내 가톨릭의 기즈 가문과 운명을 같이 했다. 그녀는 위그노 지도부를 말살해서 국왕과 국가에 대한 위그노 귀족들의 영향력을 잠재우려 했다.[41]

성 바르톨로메오 축일의 대학살은 프랑스 내전에서 프로테스탄트와 가톨릭의 구별이 용이했던 마지막 시간이었다. 이후 1576년까지 프로테스탄트 귀족과 가톨릭 귀족은 모두 앙리 3세에 대항해 반란을 일으켰다. 1576년에는 가톨릭 동맹Catholic League이 형성되었는데 이 동맹의 목표는 "이 왕국의 지방과 땅에서 권리와 특권, 참정권과 프랑크 왕국 최초의 그리스도교도 왕인 클로비스 왕King Clovis 시대에 있었던 고대적 자유를 회복"하는 것이었다.[42] 가톨릭 동맹은 절대주의적 국가의 전망을 현실화하려 했던 또 다른 가톨릭 정파인 '정치파'Politiques와 대립했다.[43] '정치파'는 국가가 다른 모든 이해관계를 대체하는 것을 목표로 했다. 이들에게 군주는 하느님이 보장하는 권한을 받아 절대적

---

[41] Richard S. Dunn, *The Age of Religious Wars: 1559-1689*, 23~26.

[42] Franklin C. Palm, *Calvinism and the Religious Wars* (New York: Henry Holt and Company, 1932), 54~55.

[43] 동맹 세력은 앙리 4세가 된 앙리 드 나바르를 지지한 가톨릭교도들을 '정치파'라고 호명했다. 신념을 중심에 두기보다 정치적 이해관계에 좌지우지된다는 경멸감이 담긴 표현이다. 이런 이유로 인해 근래에 학계 일각에서는 앙리에게 충성한 가톨릭 세력을 가톨릭 충성파Loyalist Catholics라고 부르기도 한다.

인 주권을 갖고 있었다. 또한 그들은 갈리아 가톨릭 교회와 종교의 사적 행사에서 양심의 자유를 옹호했다.* 대부분의 '정치파'는 가톨릭 동맹의 성립 이후 프로테스탄트들과 동맹을 맺었다.[44]

교회에 대한 충성심은 스페인의 필리페 2세와의 싸움에 들어서자 더욱 복잡해졌다. 펠리페 2세는 프랑스 왕좌에 스페인 출신의 왕녀를 앉히려 했다. 그는 1588년 기즈의 파리 공격에 자금을 지원했고 이에 가톨릭 국왕 앙리 3세는 앙리 드 나바르Henry of Navarre 휘하의 프로테스탄트들과 동맹을 맺었다. 1589년 앙리 3세가 죽음을 맞이하자 앙리 드 나바르는 앙리 4세Henry IV로 왕위에 올랐으며 안성맞춤으로 4년 뒤에 가톨릭으로 개종했다. 펠리페 2세가 마침내 프랑스 보좌에 대한 스페인식 설계를 포기하면서 1598년 전쟁은 끝났다.[45]

프랑스 내전의 종식은 국가 내부에서 어떠한 도전도 받지 않는 주권적 권력에 대한 절대주의 비전이 발전하는 발판으로 여겨진다. 이는 17세기 프랑스에서 온전히 결실을 보게 된다. 종교적 열정으로 야기된 폭력의 무정부 상태에서 국가를 구하기

---

[44] Franklin C. Palm, *Calvinism and the Religious Wars*, 51~54.

[45] Richard S. Dunn, *The Age of Religious Wars: 1559-1689*, 27~31.

* 갈리아주의Gallicanism라는 명칭은 프랑스 왕의 교회 권한을 주장한 피에르 피투Pierre Pithou의 「갈리아 교회의 자유」Les libertes de l'Eglise gallicane에서 유래했다. 갈리아주의는 넓게는 14세기 이후 후기 중세에서부터 근대 프랑스혁명에 이르기까지 교황권의 제한과 프랑스 교회의 자율권을 주창하면서 등장한 국가 교회 운동을 지칭한다. 이 운동은 특히 17세기 전제군주국가 체제 성립과 깊은 관련을 맺고 전개되었다.

위해서는 강력한 중앙집권적 권력이 필요했다는 주장이 흔하게 제기된다. 지금까지 당시 종교 전쟁에 대한 간략한 묘사를 통해 그러한 견해는 많은 문제를 지니고 있다는 것이 명확하게 드러났기를 바란다. 중앙집권적인 관료주의 국가의 등장은 이러한 전쟁들 이전에 일어났고 15세기 프랑스에서의 교회에 대한 세속 지배에 토대를 두고 있다. 이 전쟁들은 단순히 가톨릭과 프로테스탄트의 대결, 화체설과 영적 임재설의 대결이 아니었다.[*] 성 바르톨로메오 축일의 대학살을 촉발한 여왕 카트린은 종교적 열성분자가 아니었고 절대적인 왕권을 향해 왕실의 주장에 대한 귀족들의 도전을 막는 데 모든 노력을 기울였다는 점에서 철저한 '정치파'였다.[46]

17세기 프랑스의 중앙집권국가화 성공 사례는 제후들에 대한 명목상의 권력을 실제적인 것으로 만들기를 오랫동안 바랐던 신성로마 황제에게 영향을 미쳤다. 그 결과가 30년 전쟁(1618~1648)이었으며 이른바 '종교 전쟁' 중에서도 가장 피비린내 나는 전쟁이었다. 황제 페르디난트 2세Ferdinand II의 목표는 여러 조각으로 이루어진 자신의 제국을 하나의 근대 국가로 통합하는 것이었

---

[46] J. H. M. Salmon, *Society in Crisis: France in the Sixteenth Century* (London and Tonbridge: Ernest Benn Limited, n. d.), 189~190을 보라. 대학살 이후 위그노들은 여왕 카트린의 행동에 미친 마키아벨리즘의 영향을 탐구하는 문헌들을 홍수처럼 쏟아냈다.

[*] 성찬에 대한 견해차로 가톨릭주의에서 주장하는 화체설과 칼뱅주의에서 내세우는 영적 임재설을 대비시킨 것이다. 프랑스 가톨릭 세력과 칼뱅주의 교리를 따르는 위그노 세력에 대한 은유다.

다. 합스부르크, 가톨릭, 한 주권자에 의한 통치, 독보적인 권위
… 이를 달성하기 위해서 페르디난트 2세는 제후들, 용병들, 그
리고 자신의 스페인계 합스부르크 사촌들과 동맹을 바꾸는 것
에 의존했다. 다시 강조하지만, 이때 교회를 향한 충성심은 별다
른 영향력을 행사하지 못했다. (가톨릭이었던) 페르디난트 2세는
보헤미아 재정복을 돕기 위해 작센의 루터파 선제후에 의지했고
그의 군대는 보헤미안 프로테스탄트 군인 알브레히트 폰 발렌슈
타인Albrecht von Wallenstein이 지휘했다. 그리고 이러한 페르디난트 2
세가 자신의 권력을 집중화하려는 시도와 제국 의회를 무시하는
것에 소규모 지역의 가톨릭 군주들은 반대했다.[47]

　1603년 스웨덴의 구스타브 아돌프Gustavus Adolphus가 분쟁에 뛰
어들면서 전쟁의 분위기는 페르디난트에게 불리하게 돌아갔다.
스웨덴이 전쟁에 미친 영향은 막대했는데 이는 많은 부분 리슐
리외Richelieu 추기경 휘하에 있던 프랑스가 독일 영토에서 36,000
명의 스웨덴 군대를 보조하기로 했기 때문이다. 가톨릭 추기경
이 이러한 결정을 내리는 데 프로테스탄트의 대의를 지원한다거
나, 루터에 대한 사랑이 동기 부여가 되지는 않았을 것이다. 프
랑스의 관심은 합스부르크 제국을 산산이 조각내는 데 있었고
프랑스의 국익은 교회의 유익보다 우선했다. 1635년 프랑스는
병력을 보냈고 전쟁 마지막 13년 동안 가장 피비린내 나는 전투

---

[47]　Richard S. Dunn, *The Age of Religious Wars: 1559-1689*, 69~73.

가 벌어졌다. 본질적으로 이 전쟁은 유럽의 거대한 두 가톨릭 왕조였던 합스부르크 가문과 부르봉 가문의 투쟁이었다.[48]

IV. 종교의 창조

일반적으로 역사가들은 종교적 동기가 이 시기 일어난 전쟁들에 연료를 공급한 유일한 동기가 아니었음을 지적한다. J.H. 엘리엇J.H.Eilliot이 지적했듯 이 전쟁들이 실제로 '종교 전쟁'이었는지의 여부는 질문에 답하는 이가 당시 칼뱅주의 목사, 농민, 군주 중 누구인지에 달려 있다.[49] 하지만 여기서 강조하고 싶은 사항은 개인의 종교적 신념의 신실함 정도를 따지는 것을 넘어선다. 이 전쟁들의 배후에 흐르고 있던 핵심 변화는 개인의 신념으로 규정될 수 있는, 국가에 대한 공적인 충성과는 분리되어 존재할 수 있는 믿음의 집합체로서 '종교'가 창조된 것이다. 종교의 창조, 즉 교회의 사사화는 국가의 부상과 관련이 있다. 프랑스와 독일에서 일어난 전쟁들을 이끈 이들은 목사와 농민이 아니라 중앙집권적이고 패권적인 국가를 향한 운동의 성패와 직접적인 이해관계가 있는 왕과 귀족들이었음을 알아야 한다.

---

[48] Richard S. Dunn, *The Age of Religious Wars: 1559-1689*, 73~78.

[49] J. H. Elliot, *Europe Divided: 1559-1598* (New York: Harper & Row, 1968), 108. 엘리엇은 프랑스 내전 이면에 있는 세속적인 동기에 대해 16세기 베네치아 대사의 말을 인용한다. "카이사르에게 동등한 자가 없고, 폼페이우스 역시 우월한 자가 없는 것과 마찬가지로, 로렌 추기경이 동등한 자가 없기를 바라고, 제독(콜리니)과 몽모랑시 집안도 우월한 자가 없기를 바랐기에 이 내전은 일어났다."

중세에는 종교religio라는 말이 거의 쓰이지 않았다. 설령 쓰인다 하더라도 이는 일반적으로 수도원 생활을 가리키는 말이었다. 형용사 '종교적'religious이라는 말은 평신도 그리스도인이나 지역교회 성직자와는 구분되는, 수도회에 속한 이들을 묘사할 때 쓰였다.* '종교'가 영어권 언어로 들어왔을 때도 중세에는 이러한 의미를 간직하고 있었고, 수도원 혹은 수도규칙을 따르는 삶을 가리켰다. 1400년경 '잉글랜드의 종교들'religions of England이라는 말은 당시 잉글랜드에 있는 다양한 수도원들을 뜻했다.[50]

토마스 아퀴나스가 『신학대전』Summa Theologiae에서 이 말을 쓰는 경우는 오직 한 가지 문제를 다루었을 때뿐이다. 그는 인간을 하느님께로 인도하는 미덕을 가리킬 때 종교religio라는 말을 썼다. 성 토마스에게 종교란 본질적으로 '성스러움'sanctity과 크게 다르지 않다. 그러나 종교는 교회의 전례적 실천을 포함한다는 점에서 성스러움과 구별된다.

종교는 일반적으로 희생제, 봉헌처럼 하느님께 드리는 예배와 특별히 관련된 행동을 통해 인간이 하느님에게 올바른 경외를

---

[50] Wilfred Cantwell Smith, *The Meaning and End of Religion* (New York: The Macmillan Company, 1962), 31.『종교의 의미와 목적』(분도출판사)

* 중세 시대에 '종교적' 사제는 수도회 규칙에 따라 청빈, 순결, 순명을 서약하는 수도사들을 가리키는 말로 사용되었다. 수도 규칙(레귤라regula)에 서약하고 따른다는 점에서 수도 사제regular clergy라는 용어가 쓰이기도 한다. 이에 반해 '재속'secular 사제 혹은 지역 교회 사제는 다른 사목에 관여되기도 하지만, 일반적으로 지역 교회에서 봉사하는 성직자를 뜻한다.

표현하는 활동을 가리킬 때 쓰인다.[51]

'종교에는 어떤 외부적인 행동이 있는가?'라는 질문에 토마스는 긍정적으로 대답하고 몸과 영혼이 하나를 이루어 하느님을 예배하는 것을 든다.[52] 덕으로서 종교는 습관이며, 그리스도교인의 훈련된 행동으로 구현된 앎이다. 아퀴나스의 관점에서 덕스러운 행동은 행위자의 특정한 역사와 분리할 수 있는 이성 원칙으로부터 나오는 것이 아니다. 그 대신에 덕스러운 사람들에게는 몸과 영혼의 습관화라는 공동의 실천이 배어있어 선으로 삶의 방향을 조정해 나간다.[53]

결국 성 토마스에게 종교는 그리스도교 교회에 공통적인, 고유한 교회의 실천이라는 맥락을 전제로 한 하나의 미덕일 뿐이다. 윌프레드 스미스Wilfred Cantwell Smith는 현대인들이 그리스도교 역사에서 '가장 종교적인' 시기라고 간주하는 중세에는 정작 아무도 종교에 관한 책을 집필하려 하지 않았다는 점을 지적한다.[54] 사실 그는 어떤 점에서 '종교' 개념의 출현이 종교 자체의 실천의 쇠퇴와 상관관계가 있다고 설명한다.[55] 다시 말해 종교에

[51] St Thomas Aquinas, *Summa Theologiae* (New York: McGraw-Hill, 1964), II-II.81.8.

[52] St Thomas Aquinas, *Summa Theologiae*, II-II.81.7.

[53] St Thomas Aquinas, *Summa Theologiae*, I-II.49~55.

[54] Wilfred Cantwell Smith, *The Meaning and End of Religion*, 32.

[55] Wilfred Cantwell Smith, *The Meaning and End of Religion*, 19.

대한 근대적 개념의 증가는 종교적 공동 실천의 특정 중심지로서 교회의 쇠퇴와 관련이 있다.

근대적인 종교 개념은 15세기 후반 이탈리아 르네상스 시대의 마르실리오 피치노Marsilio Ficino의 작품에 처음 등장한다. 1474년 작품인 『그리스도교』De Christiana Religione는 종교religio를 모든 사람에게 공통으로 내재된, 보편적 인간의 충동으로 제시한 최초의 문헌이다. 피치노의 플라톤적 체계에서 종교는 하느님에 대한 참된 지각과 경배의 이상理想이다. 우리가 '종교들'이라고 부르는 다양한 경건과 의식들은 모두 인간의 가슴에 심어진 '하나의 진정한 종교'를 어느 정도는 진실하게(혹은 진실하지 못하게) 표현한 것이다. 보편적 충동이 되어버림으로써 종교는 내면화되고, 교회라는 특정한 맥락으로부터 제거된다.[56]

종교라는 말의 의미에서 두 번째 주요한 변화는 16세기 후반과 17세기에 걸쳐 일어났다. 바로 이 변화를 통해 종교는 신념체계로, 덕에서 일련의 명제들로 이동했다. 그렇기에 정치 이론가 휴고 그로티우스Hugo Grotius는 저작 『그리스도교의 진리에 관하여』De Veritate Religionis Christianae에서 그리스도교가 하느님에 대한 진정한 경배라기보다 하느님에 관한 진리를 가르치는 것이라고 쓸 수 있었다. 이와 동시에 중세의 용법에서는 불가능했던 복수형의 '종교들'religions이라는 말이 등장했다.[57]

---

[56] Wilfred Cantwell Smith, *The Meaning and End of Religion*, 32~34.

[57] Wilfred Cantwell Smith, *The Meaning and End of Religion*, 32~44.

16세기 프랑스에서는 '정치파'와 인문주의자들이 그리스도교를 '종교'라는 일반 범주에 맞추어 이론적으로 재구성하는 작업을 진행하기 시작했다. 1544년 기욤 포스텔Guillaume Postel은 『세계의 조화에 관하여』De orbis terrae concordia에서 교회라고 불리는 특정한 사회적 형태를 취하는 신학적 주장과 실천보다는 입증할 수 있는 일련의 도덕적 진리들로서 그리스도교를 확립하는 데 바탕을 두고 종교의 자유를 지지하는 논증을 제시했다. 그에 따르면 그리스도교는 '종교적 신념'이라는 특정한 표현의 기초가 되는 공통적이고 보편적인 진리에 기반을 두고 있다.[58],[*] 모든 이성적인 사람은 이러한 보편적인 진리를 인식할 수 있으므로 '종교' 문제에 있어서 양심의 자유는 필수적이다.[59]

---

[58] Robert J. Wilkinson. *Orientalism, Aramaic, and Kabbalah in the Catholic Reformation: The First Printing of the Syriac New Testament* (Brill, 2007), 109~135 참조.

[59] Quentin Skinner, *The Foundations of Modern Political Thought*, vol. II, 244~246.

[*] 『세계의 조화에 관하여』에서 포스텔은 그리스도교가 세계의 종교들이 지닌 공통의 토대를 그리스도교 가장 잘 대표하고 있다는 점에서 유대인, 무슬림, 이교도들이 그리스도교로 개종할 가능성을 제시한다. 1권('참된 종교, 즉 그리스도교의 선별된 철학들로부터의 증거')에서는 토라, 카발라, 탈무드 자료들과 같은 성서와 유대 자료들에서부터 그리스도교 신앙을 변호한다. 또한 2권에서는 무함마드와 꾸란을 그리스도교 신앙의 이설로 이해하고, 3권과 4권에서 무슬림들을 그리스도교로 개종하는 데 있어서 이론적 토대와 실천적 질문들을 추적한다. 근래 연구들은 보편주의적 세계 종교에 대한 포스텔의 전망이 강제 개종에 대한 금지와 양심의 자유와 관련을 맺고 전개된 점뿐 아니라 세계 갱신에 있어 프랑스에 중심 역할을 부여하고 전반적으로 서구중심주의에 경도된 그의 관점도 함께 탐구되고 있다.

'정치파'에 속한 정치 이론가였던 장 보댕Jean Bodin 역시 중앙 집권적인 주권을 행사할 수 있는 권위를 지닌 절대주의를 옹호하기 위한 계획의 일부이자 일환으로 종교에 있어 양심의 자유를 옹호했다. 주목할 만한 저작인 『국가에 대한 6권의 책』Les Six Livres De La Republique에서 그는 종교를 '어떻게 하면 소요를 피할 수 있는가'라는 제목을 달아 다룬다. 보댕에 따르면 무신론자들조차 종교처럼 국가를 잘 유지해 주는 것은 없다는 데 동의한다. 종교는 군주와 영주들의 권력, 법률의 집행, 백성의 복종, 법관에 대한 공경, 범죄자의 공포심을 단번에 보증하고 우애의 유대 관계로 개별 인간과 전체를 결합할 수 있는 힘이기 때문이다.[60] 보댕에게 종교는 일반적인 개념이다. 그는 어떠한 형태의 종교가 최선인지에는 관심이 없다고 직접 밝힌다. 백성은 어떤 종교를 원하든 자신의 양심에 거리낌 없이 '선택'할 수 있어야 한다. 중요한 점은 백성이 종교 중 한 가지 형태를 일단 받아들이고 나면, 주권자는 종교에 관한 공적 논쟁을 금지해야 한다고 그가 주장했다는 것이다. 종교 문제와 관련해 공적 논쟁이 일어나게 되면 주권자의 권위를 위협할 수 있는 논의들이 나올 수 있기 때문이다. 보댕은 아우크스부르크 화의 이후 죽음의 고통에 대한 '종교적인 모든 토론'을 금지한 일부 독일 도시들의 조치에 찬성하면서 이를 인용한다. 종교의 다양성은 주권자가 그것을 억누르

---

[60] Jean Bodin, *Six Books of the Commonwealth* (Oxford: Basil Blackwell, n. d.), 141. 『국가에 관한 6개의 책』(아카넷)

기에는 너무 큰 비용이 드는 곳에서만 허용된다.[61,*]

여기서 탄생한 종교라는 개념은 가능한 한 국가의 이익을 위해 주권자가 조작할 수 있는, 길들여진 신념 체계 가운데 하나다. 이로 인해 종교는 더는 그리스도의 몸 안에서 이루어지는, 그리스도의 몸을 통해 이루어지는 특정한 실천의 문제가 아니고 '영혼'의 영역에 한정된다. 몸은 국가에 넘어갔다. 이를 두고 존 피기스는 말했다.

> '정치파'의 부상과 영향력의 증대는 16세기 말 풍경 중 가장 주목할 만한 징조다. 당파의 존재는 많은 사람에게 국가의 종교가 교회의 종교를 대체했음을 증언한다. 좀 더 정확하게 말하면 세속 권력이 사회에서 구성원의 충성을 기반으로 조직화된 최고의 조직이라는 주장을 하는 동안, 종교는 개인화되어 가고 있었다. 종교적 천재인 루터의 명성으로 인해 부분적으로 은폐된 논의는 '정치파'를 통해 한층 분명해졌다. 그들은 모두 국가의 일치를 최고의 목적으로 삼고 이에 따라 종교의 일치가 이루어져야 한다는 점을 핵심적으로 주장했다.[62]

---

[61] Jean Bodin, *Six Books of the Commonwealth*, 140~142.

[62] John Neville Figgis, *From Gerson to Grotius, 1414-1625*, 124.

* 보댕은 1560년의 제국 전투 이후 독일의 여러 도시에서 종교에 대한 논쟁을 사형으로 엄격히 금지한 사례를 예로 든다.

근대 국가의 창설자들 가운데 토머스 홉스만큼 노골적으로 종교가 국가의 주권을 위해 복무해야 한다고 이야기한 사람은 없었다. 그는 종교를 무지와 공포라는 자연 상태에 있는 인간에게 헌신을 제안하는 구속력 있는 충동으로 규정했다. "죽음이나 빈곤이나 혹은 이런저런 재앙의 공포 때문에 괴로움을 당한 채",[63] 그리고 2차적 원인을 알지도 못한 채, 이 세상 모든 곳에서는 보이지 않는 힘에 대한 믿음과 공포의 대상에 대한 자연적인 헌신이 발달했다. 어떤 이들은 자신들이 창의적으로 발명한 것을 경배하고, 어떤 이들은 초자연적인 계시를 통해 드러난 참된 하느님의 명령을 따라 경배한다. 하지만 어느 쪽이든 종교 지도자들은 "그들에게 의지하는 사람들을 복종, 법, 평화, 자비, 정치 사회에 더욱 적합한 인간으로 만들려는 의도" 아래 그들의 헌신을 배치한다.[64] 홉스가 보기에 종교는 사회 계약과 커먼웰스를 낳는 바로 그 뿌리, 즉 공포와 안보의 필요성에서 비롯되었다. 그러므로 하느님이 계시를 통해 종교를 심은 곳에, 또한 '특별한 왕국', 즉 영적인 것과 세속적인 것의 구별이 없는 정체인 하느님의 왕국을 설립했다고 그는 생각했다. 이때 하느님의 '왕국'은 단순한 은유가 아니다. 왕국은 '교권'과 '속권'을 포괄하는 한 주권자가 통치하는 커먼웰스를 뜻한다.[65]

---

[63] Thomas Hobbes, *Leviathan*, 88.

[64] Thomas Hobbes, *Leviathan*, 90.

[65] Thomas Hobbes, *Leviathan*,. 94, 297~299.

홉스가 교회와 국가가 연합해야 한다고 주장하는 이유는 평화를 위해서다. 오직 한 주권자에 대한 보편적인 복종이 없다면, 비극적이게도 세속 권력과 영적 권력 사이의 내전은 불가피하다.[66] 이러한 내전의 불가피성을 홉스가 이야기한 이유는 그의 폭력의 존재론 때문이다. 홉스에 따르면 만인에 대한 만인의 투쟁은 인간의 자연적인 조건이다. 인간을 끔찍하고 잔인한 환경에서 리바이어던의 품으로 몰아넣는 것은 종교와 사회 계약의 토대인 냉혹한 공포와 안보의 필요이다. 평화 조성자로서의 국가에 관한 이 구원론은 절대적으로 단독적인, 경쟁자가 없는 주권적 권위를 요청한다.

홉스는 교회가 속권에 종속되어야 한다고 이야기하지 않았다. 도리어 리바이어던이 입을 크게 벌려 교회 전체를 삼켜 없애버렸다. 성서 해석의 몫이 주권자에게 달려 있다고 할 만큼 성서는 커먼웰스의 법이다. 그리스도교도인 왕은 자신이 지배하는 영역의 최고 사목자로서 설교하고 세례를 베풀며 성찬을 집행하고 심지어 성직을 서품할 권한도 갖고 있다.[67] 주권자는 사제일 뿐 아니라 예언자이다. 왕은 모든 카리스마를 감시하고 공적인 예언을 검열할 권리를 가지고 있다. "생각하는 것은 자유"이기

---

[66] Thomas Hobbes, *Leviathan*, 340~341.

[67] Thomas Hobbes, *Leviathan*, 395~398. 리바이어던 42장에서 홉스는 주권자가 왜 사도직의 계승과 안수와 같은 불편함을 신경 쓸 필요 없이 이러한 권력을 가질 수 있는지 장황하게 설명한다.

때문에 "사적인 인간"은 자신이 무엇을 할 것인지를 생각할 자유가 있다. 다만 공개적으로 침묵을 지킬 권리를 행사하는 한에서 말이다.[68] 그리스도교 커먼웰스에서 홉스는 순교의 이론적 가능성마저 부정하는데, 그것은 순교자를 "예수는 그리스도이시다"라는 단순한 교리를 공적으로 선포하다가 죽은 이들로만 규정하기 때문이다. 그리스도인 주권자는 그렇게 단순한 (그리고 내용 없는) 신앙 고백을 결코 방해하지 않을 것이다. 그리스도인이 그 외 다른 구체적인 교리를 옹호한다는 이유로, 혹은 여타 실천의 차원에서 죽음을 택한다면 이는 결코 순교가 아니며 '전복'적인 행위로만 간주될 뿐이다. 오직 주권자만이 적절한 그리스도교적 실천을 결정하고, 이로부터 공적인 일탈을 제재할 유일한 권리를 지니고 있기 때문이다. 이교도 체제 아래 있는 그리스도교인들에 대해서 홉스는 그들이 마음속에 믿음을 간직한다면 심지어 공적인 변절자가 된다 해도 세속 권위에 복종할 것을 권고한다. 그에게 그리스도교 신앙은 전적으로 내적인 것이며 외적 강제에 종속되지 않기 때문이다.[69]

홉스는 "교회는 그리스도교 신자들로 구성된 정치적 커먼웰스와 동일한 것이며, 정치적 국가civil state로 불린다"고 말했다.[70] 이는 하나의 보편적인 교회는 없고 그리스도교 국가들만큼 많은

---

[68] Thomas Hobbes, *Leviathan*, 324.

[69] Thomas Hobbes, *Leviathan*, 363~366.

[70] Thomas Hobbes, *Leviathan*, 340.

교회가 있다는 주장으로 이어진다. 지상에는 모든 커먼웰스가 복종해야 하는 권력이란 존재하지 않기 때문이다. 초국가적인 교회는 백성의 충성심을 주권자를 향한 충성심과 교황을 향한 충성심을 나눔으로써 갈등을 일으킨다. 홉스는 "커먼웰스 내에서 교회와 국가 사이에는 반드시 분파가 출현하며 내란이 발생"할 것이라 말했다.[71] 그러므로 자연 상태에서 리바이어던이 우리를 평화롭게 포용하게 하려면 교회와 국가의 절대적 일치가 필요하다. 여기서 '종교'는 개인을 주권자에게 구속하는 수단이 된다. 홉스는 교회의 구성원들이 자연적인 몸 안에서와같이 한데 묶여 있지만, 서로에게는 구속되지 않는다고 주장한다. 각각의 구성원들이 의존하는 것은 오직 주권자뿐이기 때문이다.[72] 그리하여 그리스도의 몸은 순전히 명목상의 몸이 되고, 흩뿌려져 국가의 몸에 흡수된다.

루소도 국가에서의 일치와 관련해 비슷한 견해를 보인다. 그에 따르면 이교도 세계에서 '종교 전쟁'이 일어나지 않는 이유는 각각의 국가에는 고유한 종교와 신이 있기 때문이다. 루소가 보기에는 그러한 구성이 오히려 분열을 일으키지 않는다. 한 나라의 신은 다른 나라 백성을 지배할 정도의 힘을 갖고 있지 않다. 따라서 여러 나라의 신들은 제국주의자가 아니며 질투하지도 않는다. 로마인들은 패배한 백성들의 신들을 용인하는 현명

---

[71] Thomas Hobbes, *Leviathan*, 340~341.

[72] Thomas Hobbes, *Leviathan*, 418.

한 정책을 채택했고 그 결과 로마 제국의 이교주의는 신들과 종교들의 다양성에도 불구하고 "하나의 단일 종교"single, homogeneous religion를 유지할 수 있었다. "바로 이런 상황에서 예수가 지상에 영적인 왕국을 세우려고 온 것이다. 이로 인해 신학 체계와 정치 체계가 분리되면서, 국가는 더는 하나가 아니게 되었으며, 내부 분열이 유발되어 그리스도교 인민들을 끊임없이 동요시켰다."[73] 그리스도교는 국가 경계를 초월하는 단체(몸)가 되려는 경향이 있기 때문에 국가라는 단체(몸) 안에서 분열을 낳는다. "성직자들을 하나의 몸으로 묶는 것은 … 교회들 사이에서 이루어지는 친교communion다. 교제communication와 파문excommunication은 성직자들의 사회 계약이다." 친교를 나누는 성직자들은 세계의 양쪽 끝에서 왔다 할지라도 "동료 시민"이다.[74] 이 제도는 정확히 "사회적 통일성을 해치기" 때문에 "분명히 골치 아픈" 것이고, 시민을 국가에 귀속시키는 시민 종교civil religion를 창설함으로써 개선해야 한다. 홉스가 교회 물음과 관련된 문제, 그리고 치료책을 명료하게 내놓은 것을 높이 평가하지만 루소는 종교의 다양성을 관용해야 한다고 주장한다. 단 종교들이 하느님에 대한 '순수하게 내적인 예배'에 국한되고, 국가에 대한 시민들의 의무에 간섭하지 않는다는 조건에서이다. 로마 가톨릭주의와 같은 불관용적

---

[73] Jean-Jacques Rousseau, *The Social Contract*, 151(4권 8장).

[74] Jean-Jacques Rousseau, *The Social Contract*, 153(4권 8장).

종교들은 용인되어서는 안 된다.[75]

로크의 논의에서는 더 잘 알려진 형태의 자유주의적 관용을 발견할 수 있다. 하지만 국가적 통일성을 이루기 위해서 그리스도의 몸을 길들일 필요가 있다는 점에서는 홉스와 루소, 로크가 근본적인 일치를 이루고 있다는 점을 알아야 한다. 이를 전제한 상태에서 로크는 잉글랜드와 대륙을 괴롭힌 '종교 전쟁'이 낳은 분열에 관심을 갖는다.

> 무엇보다도 국가에 관한 것과 종교에 관한 것이 구분되어야 한다고 나는 생각한다 … 이러한 작업이 이루어지지 않으면, 영혼의 구원을 걱정하고 공화국의 안녕을 걱정하는, 혹은 마치 그런 것처럼 가장하는 사람들 사이에서 벌어지는 어떠한 분쟁에도 한계가 정해질 수 없기 때문이다. 내가 보기에 공화국은 오로지 세속적 재산을 지키고 증식하기 위해 세워진 사람들의 사회이다.[76]

홉스와 보댕은 모두 국가 이성을 위해서는 종교적 획일성을 선호한다.* 하지만 일단 그리스도교인들이 "우리는 카이사르 외

---

[75]   Jean-Jacques Rousseau, *The Social Contract*, 153~62(4권 8장).

[76]   John Locke, *A Letter Concerning Toleration*, 17.

*   프랑스 종교 전쟁이 한창이던 1589년 조반니 보테로Giovanni Botero의 『국가이성론』Della Ragion di Stato이 출간된 이후 17세기 유럽에서는 '국가 이성'raison d'État, reason of state 논쟁이 광범위하게 일어났다. 고전 정치철학에

에는 왕이 없다"고 외치게 할 수만 있다면 종교의 다양성은 별다른 문제가 되지 않는다. 그때부터는 하나의 종교가 있든 많은 종교가 있든 주권자는 관심을 기울일 필요가 없다. 일단 국가가 교회를 지배하거나 흡수하는 데 성공하면, 종교의 일치와 관련된 절대주의적 집행에서부터 종교적 다양성을 용인하는 것에 이르는 것은 그리 어렵지 않은 일이다. 다시 말해 보댕과 홉스에게서 로크로 이어지는 사유에는 논리적 연속성이 있다.[77] 로크적 자유주의는 '종교다원주의'에 대해 분명히 관대할 수 있는데, 그것은 내면의 문제를 다루는 '종교'가 국가의 의붓자식이기 때문이다. 로크는 종교적 판단이 지니는 불가분의 단독적 특성으로 인해 국가는 종교적 양심을 강요할 수 없다고 말한다. "참

서 제시하는 정치이성이 법적 판단과 정치적 결정을 통제하는 보편적인 형평성 원칙을 가리켰다면, 초기 근대의 국가 이성 담론에서 이성은 국가를 보존하고 유지, 강화하는 데 적절한 수단을 따지고 판별하는 도구적 성격을 지닌다. 이러한 점에서 어떤 이들은 raison d'État의 번역어로 국가 책략을 제안하기도 한다. 국가 이성과 관련된 정치 개념의 변화와 관련해서는 Maurizio Viroli, 'The Revolution in the Concept of Politics', *Political Theory* 20(1992) 473~495 참조.

[77] 존 밀뱅크는 근대 절대주의와 근대 자유주의가 친족 관계에 있다는 점을 약간 다른 용어로 지적한다. 개인의 안정을 보장하고 '사적' 추구(판매, 계약, 교육, 거주지 선택)에 대한 불간섭을 천명하는 국가 권력의 형식적 특성은 그것들 외에는 국가 권력이 무제약적이고 절대적인 독점을 요구한다는 것을 보여준다. 로크처럼 더 '자유주의적'으로 보이는 후대 사상가들과 달리 이와 관련해 홉스가 좀 더 선명한 시각을 갖고 있었다. 그는 자유주의적 평화가 성립되기 위해서는 논쟁의 여지가 없는 단독적인 권력을 필요로 하나 실현되지 않을 수도 있는 다수결 합의를 반드시 요구하지는 않는다는 점을 알았다. John Milbank, *Theology and Social Theory*, 13.

된 종교의 생명과 능력은 내면적이고 온전한 확신에 있다."[78] 하지만 같은 이유로 그는 교회를 동일한 정신을 가진 개인들의 자유로운 연합으로 재규정하면서 교회의 사회적 성격을 분명하고 명확하게 거부한다.[79] 이때 관용은 아이러니하게도 국가가 교회를 분열시키고 정복하는 도구가 된다. 로크의 사상은 '종교 전쟁의 시대'라고 알려진 시기를 종식한 1689년 잉글랜드의 관용령 Toleration Act에 담겨 있다.[80] 여기서 가톨릭 신자들은 관용령에서 명시적으로 제외되었는데 단순히 '종교적 편견' 때문이 아니라 잉글랜드에서 가톨릭 신자들이 자신들을 '종교'로 규정하는 것을 거부했기 때문이다.* 잉글랜드 가톨릭교도들은 교회를 초국

---

[78] John Locke, *A Letter Concerning Toleration*, 18.

[79] John Locke, *A Letter Concerning Toleration*, 35.

[80] 윌리엄 3세가 종종 종교적 열성분자, 열렬한 칼뱅주의자, 교황주의자들에게 재앙으로 소개되어 왔지만, 최근의 학계에서는 그가 종교를 치국책의 수단에 불과할 뿐이었던 '철저한 정치파'였다는 점이 드러나고 있다. 명예혁명 전야에, 빌렘과 네덜란드 의회는 잉글랜드를 침략할 프로테스탄트적 동기가 없으며, 가톨릭 예배가 보호받을 것이라고 가톨릭 유럽을 설득하는 로비 캠페인에 착수했다. 네덜란드는 프랑스와 전쟁 직전이었고, 그들이 승리할 가능성은 잉글랜드를 프랑스에 맞서도록 만드는데 달려 있다고 확신했다. 이와 동시에 프랑스의 선전가들은 충돌을 국가 전쟁guerre d'état이 아닌 종교 전쟁guerres de religion으로 묘사하려고 했다. 적어도 한 잉글랜드 팸플릿 저자는 그런 해석은 개연성이 낮다고 생각했다. 1688년 팸플릿에서 그는 '네덜란드인들의 종교를 아는 사람이라면 그 누구라도 군주나 정부가 종교를 전파하기 위해 다수의 쾌속 평저선平底船이나 어선(하링바위스)의 책임을 떠안을 거라고 판단하지는 않을 것'이라고 쓴다. Jonathan I. Israel, 'William III and Toleration' in *From Persecution to Toleration* (Oxford: Clarendon Press, 1991), 129~142.

* 1688년 관용령을 통해 성공회에 이견을 가진 잉글랜드 장로교도, 침례교도, 회중주의자들과 같은 비국교도들은 신앙의 자유를 허락받게 되

가적인 몸으로 여겼고, 국가가 승리했다는 것을 아직 완전히 받아들이지 않았다.

17세기 '종교적'religious 전쟁 당시 분위기를 느낄 수 있는 가장 좋은 방법은 이해당사자 중 한 사람의 이야기를 살펴보는 것이다. 1685년 클래런던 백작Earl of Clarendon은 잉글랜드 반-가톨릭 논설을 썼다.

> 화체설을 믿었던 이에 대해서 (논쟁에서 나온 뜨겁고도 분노어린 말들의 영향 때문이 아니라면) 어떤 사람도 진정으로, 정말 화를 낸 사람은 없었다. … 하지만 그가 이 패러독스를 지지하기 위해 명령조의 결정권을 소개할 때는 … 열정이 도를 넘어 문을 박차고, 집을 다 태워 없애버릴 정도로 충분히 강한 불을 점화시켰다고 해도 과언은 아니다. 이것이 잉글랜드 가톨릭교도들과 그토록 논쟁을 벌이고 있는 근본적인 이유다.[81]

클래런던 백작은 교황이 성찬에 대한 교리가 할 수 없는 방식으

었다. 하지만 관용령의 범위에 로마 가톨릭, 삼위일체 반대론자들, 유대교도들, 무신론자들은 포함되지 않았다. 또한 신앙의 자유를 허락받은 비국교도들도 공직에 들어갈 자격 역시 제한되었다. 덧붙여 근래 연구에서는 관용에 관한 편지를 쓰기 전에는 로크가 가톨릭에 관용적인 태도를 취했다는 사실이 밝혀진 바 있다. Felix Waldmann, 'John Locke and the Toleration of Catholics: A New Manuscript', *Historical Journal* (2019) 참고.

[81] Earl of Clarendon, *Animadversions upon a Book, Intituled, Fanaticism Fanatically Imputed to the Catholick Church* (London: Rich. Royston, 1685), 12.

로 치명적인 열정을 불러일으킬 수 있다고 보았다. 갈등의 성패는 그리스도교의 국가에 대한 충성 여부였기 때문이다. 여기서 교리는 공적 논쟁에는 별다른 파장을 일으키지 않는 내면의 양심 문제로 규정된다. 클래런던은 계속해서 말한다.

> 문장이나 문법 혹은 철학에서 다른 어떤 오류 그 이상으로 연옥이나 화체설에 대한 의견으로 인해 그들의 충성이 혐의를 받는 일은 결코 없을 것이다. 단 그들의 의견이 다른 외부 관할권에 의존하지 않는 한, 국왕에 대한 그들의 의무를 어기지 않아서 국가의 평화에 파괴적인 영향을 미치지 않는 한도 내에서 말이다. 바로 이런 의미와 관계 속에서 국가의 정치국은 그들의 의견을 주목하더라도, 그 의견에 대해서 조사하거나 처벌하지는 않는다.[82]

여기서 이야기하고 싶은 것은 애지중지하는 교리 때문에 그리스도인들 사이에서 폭력 사태가 발생한 적은 없었다는 것이 아니다. 중요한 것은 16세기와 17세기에 교회를 국가가 지배함으로써 세속 통치자들이 교리적 갈등을 세속의 목적을 위해 총괄하게 되었다는 점이다.

새로운 국가는 국경 내에서 도전받지 않는 권위를 요구했고,

---

[82] Earl of Clarendon, *Animadversions upon a Book, Intituled, Fanaticism Fanatically Imputed to the Catholick Church*, 11.

그래서 교회를 길들이고자 했다. 국가의 종교가 교회의 종교를 대체하면서, 더 정확하게는 교회와 분리될 수 있는 종교라는 개념이 발명되면서 교회의 지도자들은 국가의 시종이 되었다.

V. 왜 국가는 우리를 구원하는 데 실패했는가?

자유주의 이론가들은 당시 '종교 전쟁'에 국가가 관여했던 것은 학교 선생이 운동장에서 교리 논쟁으로 싸우고 있는 광신도들을 꾸짖으면서 적절한 자리에 배치한 것과 마찬가지라고 믿게 할 것이다. 하지만 공적 신앙의 위험을 경고하면서도 사람들의 궁극적인 충성심이 국민 국가로 옮겨간 일이 근대 전쟁의 범위를 확산시켰다는 사실을 무시한다. 앤서니 기든스Anthony Giddens는 16세기에 새롭게 등장한, 규정된 영토 내에서 국가가 절대주권을 지니고 있다는 교리가 어떻게 국경을 확장하고 공고화하기 위해 전쟁을 활용하는 빈도를 증가시켰는지를 보여준 바 있다. 전통적인 정치 조직체는 중앙의 권위가 드문드문 퍼져 있던 주변부 지역인 경계 지대로 한계가 설정되었다. 중세 통치자들의 영토는 자주 바뀌었다. 한 군주가 다른 군주의 영토 내부 깊숙한 곳에 땅을 소유할 수도 있었다. 더욱이 한 영토에서 살아가는 거주자들은 여러 다른 귀족들에게 다양한 형태로 충성을 해야 했고 왕에게는 단지 명목상의 충성만을 바쳤다. 기든스에 따르면 국민 국가가 등장함으로써 비로소 국가는 주권 권력이 배타적인 힘을 행사하는 영역의 경계를 표시한 선들인 국경으로 자신을 구별하게 되었는데 이는 특별히 폭력 수단을 독점하면서 이룬 것이었다. 영토를 공고하게 하고 주권적 통제를 확고하게 하려는 시도는 종종 폭력적인 충돌을 불러일으켰다. 더 중요하게, 국민 국가 체제에서 국경은 국가들 사이에 '자연 상태'가 있다고 가정하는데 이는 전쟁의 가능성을 증대시킨다.[83] '동료 시민'은 현재 자신과 같은 영토에 사는 같은 국적의 사람들로만 제한된다. 국가의 구원론이 힘을 얻게 됨으로써 '외국' 마을에 산탄식 폭탄을 투하하는 것은 완벽하게 합리적인 행동으로 이해되었고 공적인 장에서 '종교적인' 문제에 이의를 제기하는 것은 완벽하게 불합리한 행동이 되었다.

국가의 신화mythos는 그 어떤 사회적 과정도 배제하는 '신학적' 인간학을 기반으로 한다. 하느님의 형상에 따른 창조를 통해 서로가 서로에게 참여하는 존재로 받아들이는 것은 개별적 권리를 가진 이로서 서로의 존재를 인정하는 것으로 대체된다. 새롭게 형성된 개별적 권리는 하느님께서 주신 것일 수도 있고 아닐 수도 있다. 이 권리는 다만 '너의 것'과 '나의 것'을 구분하는 역

---

[83] Anthony Giddens, *The Nation-State and Violence* (Berkeley: University of California Press, 1987), 50~51, 86~90. 국민 국가 체제가 부과하는 국경들은 계속해서 충돌을 일으킨다. 1991년 걸프전은 제1차 세계 대전 이후 영국이 그린 인공적 국경의 산물이었다. 그것은 아랍 세계를 인공적이고 종종 상호 적대적인 국민 국가로 분할했다. 이라크와 쿠웨이트의 국경은 영국의 최고 사령관 퍼시 콕스Percy Cox가 자의적으로 그린 것으로 영국에 대한 의존을 이어가기 위해 바다로 접근할 수 있는 새로 생성된 이라크를 고의로 부정했다. Glenn Frankel, 'Lines in the Sand', *The Gulf War Reader* (New York: Times Books, 1991), 16~20.

할만을 할 뿐이다. 하느님 안에서, 하느님을 향한 참여와 서로에 대한 참여는 계약이라는 국가의 형식적인 작동 원리를 위협하는데, 후자의 원리는 우리가 각자 개인에게 이익이 될 때만 관계를 맺는, 본질적으로 '개인'이라는 점을 전제하기 때문이다. 계약의 작동 원리는 목적(하느님의 섭리적 목적)과 근본적으로 관련이 없고 다만 수단으로만 규정할 수 있다는 점에서 순전히 '형식적'이다. 국가는 결코 개인과 집단을 통합할 수 없다. 국가에는 개인과 집단의 2차원 미적분을 초월하는 것이 없기 때문이다.

국가의 구원론은 구성원들을 기괴한 종류의 단체(몸)에 편입시킴으로써 이들을 통합하려고 노력한다. 공동의 목적 없이 형식적으로만 동등한 개인들이라는 인간학을 바탕에 두었을 때 국가가 바랄 수 있는 최선의 길은 이 개인들이 서로의 권리를 방해하지 않도록 하는 것뿐이다. 이는 개인주의로 인한 갈등을 완화할 수는 있겠지만, 참된 사회적 과정을 구현하기를 희망할 수는 없다. 이 인간학과 구원론을 통해 확립된 국가라는 몸은 거대한 머리를 지닌 채 수많은 (그리고 갈라진) 팔다리를 지닌 기괴한 괴물이다. 홉스는 이를 언제나 그랬듯 명료하게 예견했다. 진정한 커먼웰스에서 구성원들은 자연적 몸을 지니고 그랬듯 서로 긴밀하게 협력하는 것이 아니라 주권자에게만 긴밀하게 결집한다.[84] 루소 역시 "각 시민이 다른 모든 시민에 대해서는 완전히 독립적

---

[84]   Thomas Hobbes, *Leviathan*, 418(42장).

이되 도시국가에 대해서는 극단적으로 의존하게" 되는, 일종의 완벽한 파놉티콘*을 예견했다.[85] 이러한 구성은 국가에 대한 홉스와 루소의 '과잉강조' 사례가 아니며, 자유주의 국가가 토대를 두고 있는 개인들의 지배권에 대한 인간학의 논리적 귀결점이다. 이 때문에 근대 정치는 구심적이다. 예컨대 '의료 서비스 논쟁' 담론은 주로 의료 서비스와 관련한 국가의 관료적 기관에 영향력을 행사하려는 시도를 의미한다. 우리는 서로 직접 '협업'하기보다는 계약의 형식 원리를 따라 국가를 통해 서로 관계를 맺는다. 이렇게 몸에 대한 바울의 그림(내부적으로 구별되지만, 하나로서 고통과 기쁨을 함께 느끼는 그림)은 각 개인과 다른 이들의 형식적 호환성으로 대체된다.

서로 공유하는 목적이 없는 경우 개인들은 강제적으로 보장을 전제하는 계약을 따라 서로 관계 맺는다. 홉스는 이 점을 분명히 했지만 로크 역시 (앞에서 살펴보았듯) 국가라는 몸은 더 큰 힘이 그것에 강제하는 방식에 따라 달리 움직인다고 가정했다. 막스 베버Max Weber가 올바로 보았듯 근대 국가는 목적에 따라 규정될 수 없고, 정당성 있는 폭력 사용의 독점이라는 특정 수단의

---

[85] Jean-Jacques Rousseau, *The Social Contract*, 58(2권 12장).

* 파놉티콘Panopticon은 그리스어 pan(모두)과 opticon(보다)의 합성어로 제러미 벤담Jeremy Bentham이 제안한 원형 감옥 건축양식이다. 파놉티콘식으로 지어진 감시시설에서는 소수의 감시자만 있더라도 모든 수용자를 감시할 수 있다. 푸코는 『감시와 처벌』Surveiller et Punir에서 파놉티콘의 감시체계를 통해 근대 권력 장치를 설명한 바 있다.

소유 여부로 규정된다.[86] 국가 안에서 그러한 강제력은 개인들의 집단이 서로의 권리를 방해하지 않도록 하기 위해 필요하다. 대외적으로는 전쟁이라는 폭력은 비록 거짓된 것일지라도 진정한 사회적 과정이 결여된 사회에 어느 정도 통일성을 제공하기 위해 필요하다. 레이먼드 윌리엄스Raymond Williams와 몇몇 이들이 주장했듯 전쟁은 자유주의 국가에 있어서 사회적 과정의 시뮬라크룸, 곧 공통된 목적이 없는 사회에서 사회적 통합을 달성하기 위한 주요 작동 원리다. 한마디로 폭력은 국가의 종교, 곧 우리가 서로를 구속하는 고유한 규율이 된다.

지금까지 국가가 평화를 수호하는 이로서 역사라는 무대에 나오기는커녕 국가가 절대 권력이라는 새로운 세속 극장을 피투성이가 된 손으로 연출하고 있음을 살펴보면서 근대 국가의 등장이 이른바 '종교적' 전쟁의 기저에 있음을 논의했다. 19세기와 20세기에 일어난 전쟁들은 궁극적인 충성이 자유주의적 국민 국가로 이양된 것이 전쟁의 만행을 억제하지 못했다는 점을 증언한다. 자유주의 이론가들은 공적 신앙이 폭력적이며 위험한 경향이 있다고 전제하고 그 어떤 형태로든 진정한 사회적 그리스도교 윤리의 가능성을 배제한다. 이와 반대로 나는 교회가 국가 폭력에 저항하기 위해서는 신앙의 '정치적' 성격을 되찾아야 한다고 믿는다. 이는 국가의 공공 정책 수립에 교회의 의견을 반영

---

[86] Max Weber, 'Politics as a Vocation' in *From Max Weber: Essays on Sociology* (New York: Oxford University Press, 1946), 77~78. 『직업으로서의 정치』(나남출판사)

하는 전략을 넘어서야 한다는 것을 뜻한다. 이 책이 궁극적으로
이야기하고자 하는 바는 그리스도교 신앙이 자신의 사회적, 정
치적 성격을 회복해야 한다는 것이다. 이는 국가의 속박에 좌지
우지되지 않는 그리스도교 실천에 대한 탄원이기도 하다.

VI. 성찬의 대항-정치를 향하여

근대 국가가 그리스도의 몸의 거짓 사본에 불과하다면 교회
는 국가 권력을 결코 원하지 않음을 분명히 해야 한다. '정치'가
의미하는 바가 (국가라는 중심으로 모이는) 구심적인 것으로 남아있
는 한, 직접적이든 간접적이든 국가에 영향을 주려는 시도를 통
해 그리스도교의 사사화를 극복하려는 것처럼 헛된 일도 없다.
다행히 그리스도의 몸을 형성하는 가운데 그리스도인들은 혼돈
을 만들어낸다는 의미가 아닌 국가의 잘못된 질서에 도전한다는
점에서 적절한 '무정부주의'를 구상하는 실천에 참여한다. 성찬
은 참된 종교의 심장이며, 온 인류를 구원하는 그리스도의 몸으
로 우리를 엮어내는 실천이다.

성찬은 인류를 하느님의 몸의 구성원으로 빚어내는 놀랍고도
경이로운 '공적' 전례를 통해 의지와 권리에 대한 거짓 신학과 거
짓 인간학의 뇌관을 제거한다.

살아 계신 아버지께서 나를 보내셨고, 내가 아버지 때문에 사
는 것과 같이, 나를 먹는 사람도 나 때문에 살 것이다. (요한 6:57)

아우구스티누스는 예수께서 "나는 다 큰 사람들의 음식이로다. 너는 커라. 이에 나를 맛보리라. 네 육신의 음식처럼 나를 네게 동화시키지 말라. 오히려 너를 내게 동화시킬 것이니라"라고 말씀하시는 것을 마음에 그린다.[87] 이는 흥미롭게도 노동을 통해 자연 상태에서 인신의 재산으로 사물을 동화시킨다는 로크의 재산에 대한 설명과 대비를 이룬다. 진실로 성찬에서는 '나의 것'과 '너의 것'의 근본적인 구별이 급진적으로 사라진다.

> 믿는 사람은 모두 함께 지내며 그들의 모든 것을 공동 소유로 내어놓고 재산과 물건을 팔아서 모든 사람에게 필요한 만큼 나누어주었다. 그리고 한마음이 되어 날마다 열심히 성전에 모였으며 집집마다 돌아가며 같이 빵을 나누고 순수한 마음으로 기쁘게 음식을 함께 먹으며 하느님을 찬양하였다. 이것을 보고 모든 사람이 그들을 우러러보게 되었다. 주께서는 구원받을 사람을 날마다 늘려주셔서 신도의 모임이 커갔다. (사도 2:44~47)

그리스도께서 인류 안에서 하느님의 형상을 회복한 사건은 성찬을 통해 개인들에게 완성된다. 성찬을 하는 가운데 개인들은 그리스도의 몸에 참여함으로써 너와 나의 분리를 극복한다.

아담의 죄로 인한 인류의 분열을 극복하는 그리스도의 몸은

---

[87] Augustine, *Confessions* (Oxford: Oxford University Press, 1991), 124. 『고백록』(경세원)

어떤 사회 계약으로도 확립될 수 없다. 이는 언제나 선물로 주어지는 것이다.

> 하느님께서 거저 주시는 선물은 한 사람의 범죄의 결과와 같지 않습니다. (로마 5:16)

성찬은 근대 사회 관계에서 계약과 교환의 우선성을 약화시킨다. 지금까지 살펴보았듯 국가는 주체들의 교환 형식을 정한다. 주체들은 참된 공동체에서 제거되고 교환 법칙(추상 노동)을 따라 다른 이들과 관계를 맺는다. 선물은 사유화되고 재산은 상품화되며 양도할 수 있게 된다. 이와는 대조적으로 장 뤽 마리옹 Jean-Luc Marion이 강조했듯 성변화聖變化된 빵과 포도주는 그 속성으로 이해되는 본질ousia이 아니며, 소유할 수 있는 실체가 아니다. 성찬은 하느님의 순전한 선물로 제정되며 우리는 이를 새롭게 받을 수 있기를 그분께 요청할 수 있을 뿐이다.[88] 밀뱅크는 신적인 선물에서 어떤 종류의 교류가 일어난다는 것을 지적하면서 마리옹의 논의에 수정안을 제시한다. 비록 "하느님 바깥에는 아무것도 없기에 그분께 화답할 수 있는 것"은 없다 하더라도, 우리 스스로는 결코 하느님께로의 화답을 결코 만들어낼 수 없다 하더라도 성찬을 통해 우리는 신적인 생명에 참여하여 하느님께

---

[88] Jean-Luc Marion, *God Without Being* (Chicago: University of Chicago Press, 1991), 95~101, 161~82.

서 주신 선물의 경제 안에 있게 된다.[89] 여기서는 하느님이 주는 이와 받는 이를 둘러싸고 있다. 자본주의 경제에서 선물을 주고 받는 것은 오직 사적인 영역에서만 가능하고 주는 이는 재산의 소외로, 받는 이는 수동적으로 이 나눔을 경험한다. 이와는 대조 적으로 하느님께서 주도하시는 선물 경제는, 전-자본주의 경제 체제들pre-capitalist economies처럼 선물이 주는 자에게서 소외되지 않 는다. 성찬에서 주는 이는 선물 안에 있어 선물과 함께 주는 이 도 함께 간다. 이 때문에 자본주의 이전 경제에서는 화답이 예상 되곤 했다. 이는 결코 단순한 계약이 아니다. 화답은 사전에 고 정되어 확립된 형태가 아니라 예측 불가능한 시간에 예기치 못 한 형태로 나타나며, 화답하는 와중에도 주는 자의 특징을 담아 내기 때문이다. 하느님의 경제 안에서 이러한 유형의 나눔은 주 는 이와 받는 이의 이분법이 붕괴됨으로써 온전해진다. 성찬에 서 우리는 단순히 수동적으로 받는 이가 아니라 아니라 선물 그 자체인 그리스도의 몸에 결합함으로써 그리스도의 선물을 받는 다. 몸의 구성원이 된 이들은 무상의 증여와 기쁨의 수용이라는 끝없는 삼위일체적 경제(경륜) 안에서 (가시적인 몸의 지체가 아닌 이 들을 포함한) 타자를 위한 음식이 된다.[90] 그렇게 소유와 지배권은

---

[89] John Milbank, 'Can a Gift be Given?': Prolegomena to a Future Trinitarian Metaphysic', *Modern Theology* 11 (1995), 133.

[90] John Milbank, *Modern Theology* 11, 119~161. 또한 John Milbank, 'Socialism of the Gift, Socialism by Grace', *New Blackfriars* 77/910 (December 1996), 532~548을 보라.

재구성된다.

성찬의 목적은 단순히 구심점을 향하거나 형성하는 게 아니라 그리스도의 몸을 세우는 것이다. 그리스도의 몸의 지체로서 우리는 중심을 향하듯 하느님을 향할 뿐만 아니라 서로를 향하며 연합을 이룬다. 이는 중심에서 개인들이 독립성을 유지하려 애쓰는 자유주의적 몸도 아니고 중심을 통해 개인들을 강제로 결속시키는 전체주의적 몸도 아니다. 진실로 그리스도는 몸의 머리이지만 각 지체는 머리를 통해서만 관계를 맺는 것이 아니다. 그리스도께서는 중심에만 계신 것이 아니라 몸의 가장자리에도 계시기 때문이다. 그리스도께서는 철저하게 당신 자신을 "내 형제자매들 가운데 가장 작은 자들"(마태 25:31~46)과 동일시하시고 모든 지체가 고통당하고 기뻐할 때 함께 하신다(1고린 12:26). 그리스도는 성찬 공동체의 중심이지만, 그리스도의 몸에서 이루어지는 경제 안에서 선물, 주는 이, 받는 이가 끊임없이 서로에게 동화된다. 우리는 그리스도를 받는다. 그분은 선물을 주는 분이시며, 선물을 받는 "가장 작은 자"이시기도 하다. 이 세 가지 측면 모두에서 우리는 그리스도에게 동화된다. 근대 국가에서는 중심에서 주변화된 이들에 대한 소유권의 정당함을 입증하려 애쓰거나 우리 눈에 보이지 않는 이들의 복지에 관심을 기울이는 반면, 그리스도 안에서는 중심과 주변의 이분법 자체가 극복된다.

지금까지 살펴보았듯 국가 단체(몸)의 통일성은 지역적인 것과 특수한 것을 보편적인 것으로 포섭하는 데 달려 있다. 이 운동은 지역과 보편의 대조를 없애는 참된 보편성catholicity의 시뮬라크룸이다. 이와 달리 성찬은 그리스도 안에서 모든 이의 종말론적 일치에 대한 기대로 다수를 하나로 모은다.

> 우리가 축복하는 축복의 잔은, 그리스도의 피에 참여함이 아닙니까? 우리가 떼는 빵은, 그리스도의 몸에 참여함이 아닙니까? 빵이 하나이므로, 우리가 여럿일지라도 한 몸입니다. 그것은 우리가 모두 그 한 덩이 빵을 함께 나누어 먹기 때문입니다.
>
> (1고린 10:16~17)

여기서 지역적인 것은 보편적인 것에 단순히 종속되는 것은 아니다. 진실로 성찬이 이루어지는 곳은 지역 공동체다. 요한 지지울라스가 지적했듯 초기 교회는 복수의 "보편 교회들"catholic churches을 말했고, 지역 교회를 "전체 교회"whole Church와 동일시하는 것이 가능했다. 지역 공동체에서 하는 개별적인 성찬은 그리스도의 일부를 나누는 일이 아니라 온전한 그리스도, 그리스도 안에서 모든 이들이 연합하는 종말론적 일치를 현재화한다. 같은 이유로 지역 성찬 공동체는 서로를 배제하지 않는다. 그리스도교 초창기부터 이 원칙은 주교 서품을 할 때 다른 지역 공동체 출신의 두세 명의 주교들이 참여해야 한다는 규율로 표현되었다. 성찬은 지역 공동체 안에서 전체 그리스도를 보게 했고 하나의 외적 중심이나 지역에 중첩된 구조를 통해서가 아니라 온전한 그리스도께서 각 지역에 현존하심을 통해서 공동체를 하나로 연합시켰다.[91] 그래서 한 분 그리스도는 개별적인 성찬 공동체의 중심이면서도, 중심은 도처에서 나타난다. 절대 존재에 대한 알랭 드 릴Alain de Lille의 이야기는 그리스도의 몸에도 적용할수 있다.

> (그것은) 모든 곳에 중심이 있고, 둘레는 아무 곳에도 없는 지성적 영역이다.[92]

성찬은 국가의 경계를 뛰어넘어 '동료 시민'이 누구인지를 다시 규정한다. 교회들 간에 이루어지는 친교가 국가의 연합을 위협한다는 점을 지적했다는 점에서 루소는 옳았다. 유대인과 그

---

[91] John Zizioulas, *Being as Communion: Studies in Personhood and the Church*, 143~169. 가톨릭과 정교회의 교회론들은 이 점에서 서로에게 귀중한 견제를 제시한다. 교황의 지위는 황제교황주의* 경향을 경계함으로써 나왔으나 교황은 "동등한 가운데 첫 번째"Primus inter pares인 로마 주교로 보아야 한다.

[92] St Bonaventure, *The Soul's Journey into God* (New York: Paulist Press, 1978), 100에서 재인용. 『하느님께 이르는 영혼의 순례기』(누멘)

* 황제교황주의caesaropapism는 교권을 포함해 교회에 대해 전제군주가 최고의 지배권을 가지는 체제를 뜻한다. 고대 로마 황제가 최고 사제인 '폰티펙스 막시무스'Pontifex Maximus 칭호를 부여받은 것에서 유래한 황제교황주의는 이후 비잔틴 제국에서 통치 원칙으로 발전했다. 아울러 정교회 신앙에서 콘스탄티노폴리스 세계 총대주교는 정교회 주교들 사이에서 '동등한 가운데 첫 번째'로 인정받는다.

리스인 사이의 분열과 다른 모든 자연적이고 사회적인 분열들을 종말론적으로 붕괴시키는 것은 성찬의 잔치에서 두드러지게 나타난다. 교부들은 성찬을 "사람들이 동과 서에서, 또 남과 북에서 와서" 앉아 즐기는 "하느님 나라 잔치"(루가 13:29), 천상의 연회를 미리 맛보는 것으로 간주하고 성찬의 종말론적 차원을 강조했다.[93] 크리소스토무스는 히브리서 주석에서 성찬이 거행될 때 하늘의 연회가 지상의 시간으로 쏟아진다는 초기 교회의 확신을 보여준다.

> 우리 주 예수께서 죽임당하신 희생 제물로 있을 때, 성령이 현존하실 때, 아버지 우편에 앉으신 분께서 이곳에 함께하실 때, 세례로 자녀가 되고 천상에 있는 이들과 동료 시민이 될 때, 천상에 있는 조국과 우리 도성과 시민권을 지니고 있을 때, 이 땅의 것들 가운데서는 다만 이방인일 때, 어떻게 이 모든 것이 천상의 것이 되지 않을 수 있겠습니까?[94]

이는 영토 국가의 시민권을 떠받치는 상상력을 근본적으로 훼손한다. 우리의 동료 시민은 우리와 같은 영토에 있는 이들, 현재

---

[93] 이 연결지점에 대한 문헌으로는 다음을 보라. Geoffrey Wainwright, *Eucharist and Eschatology* (New York: Oxford University Press, 1981)

[94] St. John Chrysostom, *In Heb. Hom.*, XIV, l, 2. Dom Gregory Dix, *The Shape of the Liturgy* (London · : Dacre Press, 1945), 252에서 재인용.

의 영국인이나 독일인이 아니라 과거와 현재, 미래를 포괄하는 그리스도의 몸의 동료 지체들(과 잠재적인 지체들)이다.

성찬은 단순히 역사 바깥에 있는 미래의 행복을 약속하지 않는다. 성서와 교부 문헌은 성찬을 평화와 화해를 이 땅에서 이루는 것으로 그린다. 바울은 고린토 교회에서 부유한 자와 가난한 자 사이에 분열이 일어나고 있음을 질책하면서 이들 중 일부가 먼저 이 분열을 조정하지 않은 채 성찬에 참여했기 때문에 구성원들이 병들고 죽어가고 있다고 이야기한다(1고린 11:17~32). 평화가 없는 곳에서 성찬은 진정한 성찬이 일어나기에 앞서 사람들이 화해할 것을 요구하는 종말론적인 심판의 징표로 나타난다. 이 때문에 『디다케』는 불화 중이거나 의견이 달라 갈등 중인 사람은 상대와 화해할 때까지 누구라도 성찬에 참여해서는 안 된다고 말한다(또한 마태 5:23~26을 보라).[95] 아주 이른 시기부터 그리스도교인들은 성찬이 화해를 요구한다는 표시로 성찬 이전에 평화의 인사를 주고받았다. 이러한 실천은 계약의 의무라는 형식적인 판단을 통해서는 구체화될 수 없다. 이러한 평화의 표시는 서로를 지체로, 평화의 왕의 지체로 여기는 이들과의 직접적인 만남을 통해서만 성립될 수 있다.

성찬의 몇 가지 핵심적인 주제를 기술한 까닭은 오늘날 분열된 교회들에서 실제로 이루어지고 있는 성찬을 이상화하기 위해

---

[95] *The Didache*, § 14. 『디다케』(분도출판사)

서가 아니다. 분명 현실에서 그리스도교인들은 당혹스러울 정도로 국가의 구원 신화를 자신의 것으로 채택하고, 구속력 있는 국가의 실천에 복종했다. 심지어 우리는 이러한 관행을 따르면서 국가가 약속한 평화와 연합이 실현되리라는 희망을 품고 전쟁을 위해 몸을 내맡기기까지 한다. 여기서 드러내고자 한 것은 국가의 신화와 국가의 종교는 우리의 참된 희망을 왜곡하고, 그리스도교 전통은 이에 대한 저항을 위한 자원을 제공한다는 것이다.

대부분의 경우 그리스도교인들은 국가가 '세속적'이며 서로 다른 이해관계의 충돌에서 벗어나 작업할 수 있는 중립적 장치라는 가정 아래 국가의 통합하는 역할을 받아들였다. 국가가 대안적인 구원론을 제시하고 있음을 인지하고 시민 사회를 국가와 분리할 수 없는 것으로 볼 때 우리는 비로소 국가의 실천과 그리스도교인들이 당연한 것으로 여기는 성찬과 같은 전례의 실천 사이의 근본적인 갈등을 감지할 수 있다. 진정한 평화는 이러한 갈등을 봉합하느냐의 여부에 달린 것이 아니라 저 갈등의 심각함과 긴급함에 대한 감각을 회복하느냐에 달려 있다.

제2장

시민 사회가 자유공간이라는 신화

최근 가톨릭과 프로테스탄트 양측에서 교회가 사적 영역에 국한됨으로써 유발된 밀실 공포증을 진단하고 이를 극복하려는 시도가 여러 차례 있었다. 충분히 예측할 수 있는 일이지만, 이러한 시도들은 종교의 공적 잠재성을 주장하고 그리스도교인들이 공적 문제를 방관하지 않고 정치에 참여하도록 장려하는 형태를 취하는 경우가 대부분이다. 그리고 이러한 재구성의 핵심 개념은 바로 '시민 사회'civil society다.[1] '정치적'이라는 말을 일반적

---

[1] '시민 사회'에 대한 정치 이론과 사회 윤리 문헌들은 폭발적으로 증가했다. 많은 사례 가운데 다음을 보라 Andrew Arato, *Civil Society, Constitution and Legitimacy* (Lanham, MD: Rowman and Littlefield, 2000), Benjamin R. Barber, 'The Search for Civil Society', *The New Democrat*, no. 7 (March/April), 1995, Benjamin R. Barber, *Strong Democracy: Participatory Politics for a New Age* (Berkeley: University of California Press, 1984) 『강한 민주주의: 새 시대를 위

으로 국가에 직접 관여한다는 의미로 사용한다고 했을 때, '시민 사회'는 정치적이지는 않으나 공적인 것public without being political으로 제시된다. 국가state와 사회society에 대한 이러한 구분은 일부 그리스도교 사회윤리학자들에게 획기적 개념으로 제시되었는데, 교회가 한편으로는 단순한 사사화를 피할 수 있게 하면서 다른 한편으로는 국가의 강압으로 함축되는 콘스탄티누스의 유령을 피할 수 있는 것처럼 보였기 때문이다. 지배 경험을 통해 누그러져 있기는 하지만, 교회는 성서와 전통을 증언함으로써 사사화된 그리스도교란 없음을 인식하고, 위압적으로 세력을 과시하지 않으면서도 공적인 장에서 분명하게 발언할 수 있는 길을 모색하고 있다.

이 장에서 나는 근래 그리스도교인들이 '공적인' 공간을 개척하는 데 사용하는 시민 사회 개념의 두 가지(서둘러 덧붙이자면 많은 방식 가운데 두 가지) 방식을 간략하게 기술하려 한다. 그리고 나서 이 유형이 야기하는 문제들에 대해 몇 가지 제안을 할 것이다. 첫 번째 방식은 존 코트니 머레이John Courtney Murray의 저작을

한 정치참여』(인간사랑), Harry Boyte, *Commonwealth: A Return to Citizen Politics* (New York: Free Press, 1989), Sara Evans and Harry Boyte, *Free Spaces: The Sources of Democratic Change in America* (New York: Harper & Row, 1986), Jurgen Habermas, *Between Facts and Norms: Contributions to a Discourse Theory of Law and Democracy* (Cambridge, MA: MIT Press, 1996) 『사실성과 타당성: 담론적 법이론과 민주적 법치국가이론』(나남출판사) 개념의 역사에 관해서는 John Ehrenberg, *Civil Society: The Critical History of an Idea* (New York: New York University Press, 1999)를 보라.

이론적으로 전유하면서 '공공 신학'을 옹호하는 저자들과 관련이 있다. 두 번째 방식은 해리 보이트Harry Boyte의 시민 사회에 관한 저작을 실천적으로 응용한 것으로 많은 가톨릭 학교에서 그리스도교 교육의 공적 임무를 증진하기 위해 전용하고 있다. 첫번째 방식이 공공 정책에 관심을 둔다면 두 번째 방식은 풀뿌리 시민운동grassroots activism을 지향한다. 방식의 차이점에도 불구하고 두 방식 모두 교회를 위해 '공적'이면서도 '자유로운' 공간을 창조하려 노력한다. 그럼에도 불구하고 둘은 모두 성공하지 못할 것이다. 이 장에서 나는 '공적인 것'을 재규정하지 않는 한 교회가 '공적이 된다는 것'은 교회가 필연적으로 패배하는 길이라는 점을 보여주고자 한다. 이는 부분적으로 앞서 보았듯 공적인 것과 사적인 것의 구분 자체가 국가가 교회를 길들이는 수단이기 때문이다. 교회는 그 자신이 거행하는 성찬에 담긴 자원들을 활용할 때만 국가의 규율에 저항할 수 있다. 교회는 성찬에 담긴 자원들을 통해 특별한 유형의 몸, 그리스도의 몸이 된다.

I. 머레이와 동조자들

존 코트니 머레이는 가톨릭 계열 공공 신학의 아버지라 할 수 있다. 그는 국가와 사회를 뚜렷하게 구별해야 한다고 강조한다. 머레이에 따르면 이 구분은 제국imperium과 교회ecclesia를 구분한 중세에서 비롯되었다. 제국과 교회는 모두 전체 크리스텐덤, 즉 그리스도교 세계christianitas를 가리키며 세속적인 것과 영적인 것의 구분을 반영한다. 중세 크리스텐덤에서 제국이 제한적인 역할을 수행했듯 미국의 헌정 질서 역시 국가의 한계를 설정한다.[2] 머레이의 사유에서 국가는 사회의 제한된 부분에 불과하며 공적 질서와 정치적 행정을 유지하는 책임을 지는 기관일 뿐이다. 국가의 본질은 무언가를 강제할 수 있는 기능에 있지만, 이 기능은 공적 평화라는 이름으로 행사된다. 미국 수정헌법 제1조[*] 첫 두 규약은 '평화의 규약'articles of peace으로 정치 영역에서 종교적 차이를 배제함으로써 갈등을 포섭하는 국가의 역할을 수행한다.[3] 국가와 시민 사회를 구별하는 것의 중요성은 국가의 직접통제 너머에 있는 자유 공간을 개척하는 데 있다. 머레이는 말한다.

일반적으로 '국가'는 공권력이 그들의 강압적 권력을 합법적으로 행사할 수 있는 영역을 의미하는 반면, '사회'는 개인과 기

---

[2] John Courtney Murray, 'The Problem of Religious Freedom' in *Religious Liberty: Catholic Struggles with Pluralism* (Louisville: Westminster/John Knox Press, 1993), 144.

[3] John Courtney Murray, 'Civil Unity and Religious Integrity: The Articles of Peace' in *We Hold These Truths: Catholic Reflections on the American Proposition* (Kansas City: Sheed and Ward, 1960), 45~78. 머레이는 중세 크리스텐덤을 구축한 충성심들이 중첩된 복합체로부터 사회라는 용어가 지닌 동질적인 전체로 전치轉置시키는 문제를 다루는 것처럼 보이지는 않는다.

[*] 미국 수정헌법 제1조The First Amendment는 "종교, 언론 및 출판의 자유와 집회 및 청원의 권리"에 관한 것으로 전문은 다음과 같다. "연방의회는 국교를 정하거나 자유로운 종교 행위를 금지하는 법률을 제정할 수 없다. 또한 언론, 출판의 자유나 국민이 평화로이 집회할 수 있는 권리 및 고충 처리 구제를 위하여 정부에게 청원할 수 있는 권리를 제한하는 법률을 제정할 수 없다."

업체의 자유 영역을 의미한다. 이 구분을 부정하는 것은 정부를 전체주의적으로 생각하고 신봉하는 것이다.[4]

종교는 공공의 평화를 위해 국가로부터는 배제되지만, 시민 사회가 규정한 나머지 공적 공간에서 번창하는 것은 허용된다. 여기서 이른바 다양한 종교적 '모략들'conspiracies은 공동의 토대 위에서 만날 수 있고, 신학이 아닌 자연법의 언어로 공적인 삶에서 논쟁할 수 있게 된다. 신학의 언어가 한 가지 모략을 다른 모략들과 분리하는 경향이 있다면, 자연법의 언어는 냉정하고 건조한 이성의 언어로 간주된다. 머레이는 자연법이 어떠한 신학적인 전제 조건도 갖고 있지 않다고 생각했다. 오히려 자연법은 종교들 사이에서 합리적 담론이 이루어질 가능성을 제공한다. 그러므로 여기서는 하느님을 전혀 인정하지 않는 '모략'과도 함께 할 수 있다.[5] 합리적 담론의 근간이 되고, 합리적 담론을 끌어내는 것은 공공 철학public philosophy 혹은 공적 합의public consensus 다.[6] 이 합의는 여론이나 이해관계의 총합이 아니라 미국의 정치 체계를 구조화하는 특정한 진리에 토대를 두고 있다.

---

[4] John Courtney Murray, 'The Problem of Religious Freedom', 144~145.

[5] John Courtney Murray, 'The Origins and Authority of the Public Consensus', 109~123.

[6] 머레이는 이 용어들과 관련해 '공공 철학'이 내용의 객관성을 강조하는 반면 '공적 합의'는 설득의 주관성을 강조한다고 설명한다. John Courtney Murray, 'Two Cases for the Public Consensus: Fact or Need', 79.

우리는 진리들을 수호한다. 그것들이 참되기 때문이다.[7]

이 합의는 갈등을 없애는 것이 아니라 일치된 토대 위에서 갈등
이 이론적으로 해결될 수 있도록 돕는 역할을 한다.

머레이에게 이 합의가 국가와 사회 구분이 작동하도록 하는
울타리 역할을 하고 있음을 아는 것이 중요하다. 우선, 사회는
강제와 강압으로부터 자유롭다. 이는 미국적 명제에 내장돼 있
고, 미국인이라면 경험하기 마련인 담론을 나눌 때 통상적으로
모든 이가 동의하는 규칙들이 있기 때문이다. 합리적 담론은 강
압이 아닌 설득에 기초한 공적 대화를 보증한다. 둘째로 (이는 머
레이의 사유에서 잘 발견되지 않는 부분인데) 이러한 합의는 또한 시
민 사회와 경제 활동 사이의 적절한 구분을 유지한다. 머레이는
국가나 교회, 가족이나 개인, 그 어떤 것에도 영향을 받지 않는
경제 요인의 힘과 그 편재성을 인정한다. 그러나 기업과 경제 권
력은 자신의 힘을 남용할 수 있으며 이로부터 우리를 구원하는
것은 '공적 합의'라는 생각이다. 머레이는 '공적 합의'를 아돌프
벌리Adolf Berle의 논의에서 차용해 설명하는데, 벌리는 경제 권력
이 힘을 남용할 때도 상대적으로 자유를 향유할 수 있는 이유는
미국이 이러한 합의를 이루고 있기 때문이라고 말했다. 개인을
궁극적으로 보호하는 것은 자유 시장에서 경제 요인 운용에 달

---

[7]   John Courtney Murray, 'The Origins and Authority of the Public Consensus',
      98~106.

려있는 것이 아니라 미국에 널리 수용되고 깊게 자리 잡은 일련의 가치 판단에 달려있다. 여론은 권력이 이러한 가치를 침해하는 것을 막기 위해 필요하면 정치적 행동에 활력을 불어넣을 수 있다.[8] 공적 합의를 통해 국가는 자신의 권력 한도를 넘지 않는 가운데 강압적 기능으로 경제 권력을 견제하기 위해 동원된다. 국가, 시민 사회, 노동은 상호연관성이 있기는 하지만, 반‑자율적인semi-autonomous 영역으로 모두 분리될 수 있다.

머레이의 기획을 현대적으로 해석한 이들은 그의 국가와 사회 구분을 중추적인 것으로 채택했다. 예컨대 리처드 존 뉴하우스Richard John Neuhaus의 민주주의 개념에서, '공적 광장'public square에 여러 상이한 행위자가 존재한다는 사실은 결정적인 중요성을 지닌다.

> 국가는 여러 행위자 가운데 하나이다. 이러한 배치에서 종교 기관들처럼 궁극적인 혹은 초월적인 의미를 주창하는 제도적 행위자들은 불가피한 것이다. 공적 광장의 다양한 행위자들(정부, 기업, 교육, 커뮤니케이션, 종교)은 광장에서 서로 도전하고, 견제하며, 경쟁하기 위해 존재한다.[9]

---

[8] John Courtney Murray, 'The Origins and Authority of the Public Consensus', 101에서 재인용.

[9] Richard John Neuhaus, *The Naked Public Square: Religion and Democracy in America* (Grand Rapids, MI: Wm. B. Eerdmans, 1984), 84.

이러한 구도에서 교회는 공적 제도로서 이에 걸맞은 자리를 차지한다. 다만 서구 역사에서 강압적인 국가 권력을 휘둘러 참담한 결과를 초래했던 것과 연관해 이와 직접 연루되지는 않는 방식으로 그러하다. 합법적 강제력을 독점한 국가는 교회가 국정에 직접 개입하지 않기를 바랄 것이다. 종교 전쟁의 망령이 다시 한번 그 창백한 얼굴을 보여주지 않는다면 말이다. 교회가 자유로운 공적 논쟁에 참여하고 구성원들의 종교적 감수성을 형성하는, 더 넓은 의미에서 공적으로 참여하는 자리는 바로 이곳, 국가 바깥이다. 이를테면 리처드 맥브라이언Richard McBrien은 "핵무기와 낙태에 대한 미국 로마 가톨릭 주교들의 활동은 종종 국가가 수립하는 정책을 지향하기는 하지만, 이러한 문제들에 대한 주교들의 참여는 공적 논쟁과 관련해서 민주 사회가 제시하는 통로 안에서, 그리고 통로를 거쳐 일어난다"고 쓴다. "그런 사회에서 자발적 결사체는 국가와 시민 사이에 완충 역할을 하고 공공 정책에 영향을 미치는 구조화된 수단을 제시하는 데 있어서 핵심역할을 한다. 미국 정치 제도에서 교회는 자발적인 결사체다."[10]

　『벌거벗은 공론장』The Naked Public Square에서 뉴하우스는 종교를 "우리가 궁극적으로 참되고 중요하다고 믿는 바에 대해 생각하고 행동하며 상호작용하는 모든 방식"으로 규정함으로써 종교

---

[10]　Richard McBrien, *Caesar's Coin* (New York: Macmillan Publishing, 1987), 42.

가 지닌 공적 성격을 설명한다.[11] 정치는 문화의 기능이고, 문화의 중심에는 종교가 있다. 뉴하우스는 종교가 관여하는 공론장을 벌거벗겨 박탈하고자 하는 시도는 어리석은 일이라고 주장한다. 종교는 우리 삶을 이끌어가는 데 있어서 매우 중요한 부분이기 때문이다. 법률은 "사람들이 자신들의 집단적 운명 혹은 궁극적 의미라고 믿는 바를 표현한다"는 사실로부터 정당성을 도출한다.[12] 뉴하우스의 말에 따르면 국가는 "법률의 원천이 아니라 시종이다".[13] 또한 법률은 사람들의 가장 깊은 도덕적 직관에서 비롯된다. 따라서 이 땅의 법률은 구속력 있는 의무의 연결망, 즉 종교라는 단어의 기원인 렐리가레religare를 구현한 것이다.* 뉴하우스는 과거 종교가 종교 전쟁 시대 때 유럽을 찢어놓았던 일종의 광신주의에 대한 공포 때문에 정치 영역으로의 진

---

[11] Richard John Neuhaus, *The Naked Public Square*, 27. 공공 신학자 리처드 맥브라이언은 이와 유사하게 종교를 "태도, 확신, 감정, 제스처, 의식, 상징, 신념, 제도의 전체 복합체"로 규정하는데, "이로 인해 사람들이 궁극적인 실재(하느님 및 그분과 관련된 모든 것)와 개인적인 차원 혹은 공동체적인 차원에서 맺는 관계에 합의에 이르고 표현하게 된다"고 정의한다. Richard McBrien, *Caesar's Coin*, 11. 종교에 대한 이들의 규정에 관해서는 Michael J. Himes and Kenneth R. Himes, OFM, *The Fullness of Faith: The Public Significance of Theology* (New York: Paulist Press, 1993), 19~20을 보라.

[12] Richard John Neuhaus, *The Naked Public Square*, 256.

[13] Richard John Neuhaus, *The Naked Public Square*, 259.

* 다시 묶는다는 의미를 지닌 라틴어 '렐리가레'religare는 신적인 것과 인간적인 것을 다시 잇고 관계를 맺게 한다는 뜻을 내포하고 있다. 저자는 다른 어원학자들과 함께 종교religion가 렐리가레에서 비롯되었다고 보는 관점을 견지한다. 한편 종교의 어원이 다시 읽다를 뜻하는 '렐레게레'relegere에서 비롯되었다고 보는 이들도 있다. 아감벤Giorgio Agamben과

입이 금지되어 왔음을 인정한다. 하지만 그가 보기에 오늘날 정치가 폭력적인 권력 투쟁으로 전락하는 것을 막을 수 있는 유일한 방법은 미국인들의 작용적 가치operative value*에 입각한 공적 윤리를 구축하는 것뿐이다. 그리고 그 가치들은 "종교적 신앙에 압도적으로 기반을 둔 가치들"이다.[14] 종교와 문화를 날카롭게 구별하는 것이 불가능하기 때문에 종교는 협소하게 이해될 수 없다. 여기서 뉴하우스는 클리퍼드 기어츠Clifford Geertz의 논의에 기대어 종교를 "문화의 토대 혹은 깊은 차원"으로 본다. 따라서 평화로운 합의에 기초한 공동의 정치 문화를 구축할 때 종교는 반드시 있어야 한다고 그는 주장한다.[15,**]

같은 이들은 다시 읽는다는 의미를 숙고해 볼 때 종교는 "성스러운 것과 세속적인 것의 분리를 존중하기 위해 반드시 지켜야 하는 형식 앞에서의 초조한 망설임(다시 읽다)"과 관련을 맺는다고 주장한다. 그에 따르면 종교는 "인간과 신들을 통합하는 것이 아니라 이들이 여전히 분리된 채로 있도록 신경을 쓰는 것이다", 조르조 아감벤, 『세속화 예찬』(난장, 2010), 109~110.

[14] Richard John Neuhaus, *The Naked Public Square*, 37.

[15] Richard John Neuhaus, *The Naked Public Square*, 132.

* 작용적 가치operative value란 경험적 판단에 따라 선택된 가치를 말한다. 찰스 모리스Charles Morris는 『인간 가치의 다양성』Varieties of Human Value에서 작용적 가치를 반복된 선택을 통해 표현된 행동의 실제 방향에서 비롯된 가치라고 설명한다. 그는 다양한 쌍의 그림을 선택하라고 했을 때 선별된 그림들을 모아 보면 선호하는 것들과 그렇지 않은 것들을 구분하는 공통적인 경향이나 성향이 나타난다는 점을 예시로 들었다. Charles Morris, *Varieties of Human Value* (Chicago: University of Chicago Press, 1956) 참조.

** 클리퍼드 기어츠에 따르면 종교는 "(1) 작용하는 상징의 체계로, (2) 인간에게 강력하고, 널리 미치며, 오래 지속하는 분위와 동기를 성립시키고 (3) 일반적인 존재의 질서 개념을 형성하며, (4) 그러한 개념에 사실성의

그런데 합의가 목표라면 종교는 공적 성격을 지닌 논증을 가지고 공론장에 접근해야 한다고 뉴하우스는 주장한다. 도덕적 다수*의 문제는 "사적 진리들에 근거해서 공적 주장을 하는 정치 무대에 참여하고자 한다는 점이다". 다시 말해 그 논증들은 "사적이고 자의적인 계시 혹은 기질이라는 원천에서 도출된 것들이다".[16] 또 다른 머레이주의자인 조지 와이글George Weigel은 말한다.

> 시민 광장에 들어간 이들은 종교적 신념을 말할 권리가 있다. 하지만 발언권을 주장하는 이들은 다른 이들이 들을 수 있는 방식으로 말할 책임을 진다. … 구체적 실천에서 이는 종교에 기반을 둔 도덕적 주장과 논증을 다른 신념을 가진 동료 시민들이 듣고 경합할 수 있는 개념과 언어로 '번역'하는 것을 의미한다.[17]

이는 그가 '공적인 것'을 '모든 사람이 이해할 수 있는' 것으로 규

충위를 씌워 (5) 분위기와 동기가 특이하게 현실적인 것으로 보이게 한다." 클리퍼드 기어츠, 『문화의 해석』(까치, 2009), 115.

[16] Richard John Neuhaus, *The Naked Public Square*, 36.

[17] George Weigel, *Catholicism and the Renewal of American Democracy* (New York: Paulist Press, 1989), 116.

* 도덕적 다수Moral Majority는 침례교 목사 제리 폴웰Jerry Falwell이 중심이 되어 1979년 창립한 단체로 보수적 그리스도교 신자들을 정치적 우익과 결합시켰다. 1980년 미국 대선에서 도덕적 다수는 공화당 후보 레이건 Ronald Wilson Reagan을 지지하면서 정계에 영향을 미치기 시작했다.

정한 데서 나온 것이다.[18]

　머레이의 모든 해석가가 머레이가 공론장에서 신학적 언어를 추방한 것에 동의하는 것은 아니다. 이를테면 마이클과 케네스 하임즈 형제Michael and Kenneth Himes는 저서 『신앙의 충만함』The Fullness of Faith에서 특정하게 제한된 조건이라 하더라도 신학은 공적 중요성을 지닌다고 이야기했다. 하임즈 형제에 따르면 국가와 사회를 명확하게 구분한다고 해서 둘 사이에 얼마간 상호침투가 있다는 사실을 외면해서는 안 된다. 또한 우리는 국가 영역에서 이루어지는 사람들의 행동을 형성하는 것에는 종교가 있음을 간과해서도 안 된다.[19] 종교는 신자들의 마음과 생각에 영향을 미치는데 신자들이 국가 영역에서 공적으로 행동한다 하더라도 "기본적으로 지향하는 태도"는 명시적인 종교적 상징을 통해 형성되었다. 그렇기에 하임즈 형제는 지금보다 더 공적 포럼에서 신학적 언어를 사용하는 일이 가능해지기를 바란다. 설령 청자들이 화자의 신앙을 공유하지 못한다고 할지라도 말이다. 시민 사회에서 공적 논쟁은 종교적이든 아니든 모든 사람의 합의에 근거하고 합당한 것으로 간주되는 것에 근거해야 한다고 할지라도, 그리스도교인들은 보편적인 어떤 것을 전달할 수 있다는 희망을 간직한 채 삼위일체와 같은 상징을 사용하기를 꺼려서는 안 된다. 심지어 그러한 상징들의 신학적 기원을 거절하는

18　Richard John Neuhaus, *The Naked Public Square*, 115.

19　Michael J. Himes and Kenneth R. Himes, *The Fullness of Faith*, 14~15.

이들에게도 말이다.

여기서 하임즈 형제는 데이비드 트레이시David Tracy의 '고전'classic 개념에 관심을 기울이는데 트레이시에 따르면 고전은 "의미의 과잉과 영속성이 확정적인 해석에 저항하는 현상"이다.[20] 이를테면 예술과 종교에서 고전으로 간주되는 작품이나 저작을 접했을 때 이를 처음 접한 이라 할지라도 그는 어떤 진리를 전달받게 된다. 그렇기에 그것은 공적 진리이다. 하임즈 형제는 트레이시의 제안을 채택해 어느 특정 종교의 공적이지 않은 '기원들'origins보다는 그 종교가 담고 있는 진리의 (공적) '효과'effects에 집중해야 한다고 말한다.[21]

따라서 신학은 사회의 공공 생활에 중요한 공헌을 한다. 그럼에도 시민 사회에서 국가로 이동할 때 신학적 상징들에서 도출되는 "기본적으로 지향하는 태도"는 반드시 정의론, 국가론과 같은 사회 윤리를 통해 공공 정책에 반영되어야 한다. 신학으로부터는 공공 정책을 곧바로 도출할 수 없다. 공공 신학은 공공 정책에서 몇 단계 동떨어져 있다.[22]

예를 들어 삼위일체는 먼저 사회 윤리에 속하는 '관계성'relationality 개념으로 번역된 다음, 특정한 종류의 권리-언어

---

[20] Michael J. Himes and Kenneth R. Himes, *The Fullness of Faith*, 16에서 재인용.

[21] Michael J. Himes and Kenneth R. Himes, *The Fullness of Faith*, 16에서 재인용.

[22] Michael J. Himes and Kenneth R. Himes, *The Fullness of Faith*, 22~23 참조.

rights-language를 입증하는 것으로 번역되어야 한다.[23] 여기서 신학은 완전히 공적인 방식으로 자유롭게 기능할 수 있지만, 낯선 신앙들을 다른 사람에게 강요하는 방식으로 기능하지는 않아야 한다. 교회는 마음과 생각을 형성하고 공적 생활에 참여하도록 구비하는 입장에 서 있지만, 국가의 강제력에 접근하는 것 외부에 남아있다. 그리고 신학은 사회가 '합당한' 것으로 간주하는 것의 제약을 받게 된다.[24]

---

[23] Michael J. Himes and Kenneth R. Himes, *The Fullness of Faith*, 55~73 참조.

[24] 1960년대에 처음 정교화된 유럽의 '정치 신학'은 국가와 시민 사회에 대한 접근에 있어 공공 신학과 많은 점에서 유사하다. 예를 들어 요한 밥티스트 메츠Johann Baptist Metz 역시 종교적인 것으로부터 정치적인 것의 '정당한' 해방을 수용하는 것에서 출발한다. 메츠에게 계몽주의는 성숙한 인간이 자유를 성취한 것을 나타낸다. 세속화된 정치질서는 자유의 질서다. 정치적 현실들은 이제 더는 주어지는 것이 아니라 자유로운 인간 행동에 귀속된다. 그러나 세속화는 이 세계에서 그리스도를 보좌에서 끌어내리는 것이 아니라 도리어 역사에서 그의 통치가 행해지고 있음을 결정적으로 보여주는 것이다. 그리스도교는 세계를 자유롭게 해서 본연의 자신이 될 수 있게 한다. Johann Baptists Metz, *Theology of the World* (New York, Seabury Press, 1969), 19.
이러한 해방 과정에서 국가와 시민 사회의 구별은 결정적이다. 이러한 구별은 국가의 주장을 제한하는 효과를 내기 때문이다. 시민 사회는 국민 국가의 중추라 할 수 있는 공개 포럼이며 모든 집단은 여기에 자유롭게 참여한다. 교회는 더는 그리스도교 국가를 지배하고 설립하려 하지 않고 다른 사회 집단들과 함께 시민 사회에서 자리를 잡는다. 시민 사회에서는 강압적 권력을 독점한 국가가 어떤 공공 정책을 수립하고 시행해야 하는가에 대한 논의가 벌어진다.
메츠의 새로운 정치 신학은 신학을 곧바로 정치화할 수 있다고 보는 보날드Bonald, 도노소 코르테스Donoso Cortés, 슈미트Schmitt와 다른 이들의 정치 신학을 "전前비판적"인 것으로 간주하는데, 이는 그들이 종교에 대한 계몽주의 비판을 수용하지 않기 때문이다. 하지만 이와 동시에 메츠는 정치 영역에서 교회가 합법적으로 분리되는 것이 그리스도교 신앙이 단순히 사사화되는 결과만 가져온 것이 아니라는 점에 관심을 기울인다. 다시 말해 복음이 부르주아지 감상을 활기 없이 포용하는 것으로

II. 공적 역량 달성*

여기서 아주 간략하게 묘사한 머레이와 그의 영향을 받은 이론들의 성패는 결국 국가가 접근할 수 없는 사회의 공간을 유지할 수 있는가에 달려있다. 머레이와 그의 후계자들은 사회 공간이 국가를 지향한다고 보곤 한다. 시민 사회에서는 국가 외부에서 자유롭게 토론을 벌이지만 이러한 토론은 궁극적으로 국가의 공공 정책 수립을 지향한다. 이론상으로는 제한적이지만 국가는 여전히 정의를 확립하기 위한 일차적인 수단이다. 사회 정의를 위해 여러 정책을 법제화하려 로비를 벌이든, '문화' 전체에 영향

양도된 점을 우려한다. 메츠의 해결책은 교회가 시민 사회에서 '사회 비판 제도'institution of social criticism로 자리매김하는 것이다. 여기서 교회의 임무는 계몽주의 이래 전개된 자유의 역사에 대한 봉사로 규정된다. 예수가 권력자들과 맞서고 소외된 이들을 선호한 기억에 기초해서 교회는 모든 사회적 형식들을 하느님의 나라에 미치지 못한 것으로 비판한다. 심지어 교회 자체도 '종말론적 조건' 아래에 놓이게 되는데, 이는 역사적으로 사회의 모든 실제적인 지위를 잠정적인 것으로 보이게 한다. 교회가 제공하는 비판은 단순히 부정하는 것이 아니며 성서에 바탕을 둔 그리스도교 전통의 종말론적 약속들을 현재 현실화하라는 도전이다. 이러한 맥락에서 교회는 자유, 평화, 정의, 그리고 화해를 위해 노력한다. 하지만 신학적 논의는 곧바로 정치화될 수 없으므로 신학 언어는 시민 사회 영역에서 소비되기 위해서는 '실천적 공적 이성'practical public reason으로 번역되어야만 한다. Johann Baptists Metz, *Theology of the World*, 107~114.

* Public Achievement는 1990년 민주주의와 시민 의식 센터의 책임자였던 헤리 보이트가 중심이 되어 창설된 계획initiative이다. 지역사회와 파트너십을 맺고 학습 커리큘럼을 계발하고 리더십을 훈련시키면서 미국 전역에 알려지게 되었다. 2000년대 이후에는 북아일랜드 분쟁 해결에 참여하고, 발칸 반도 및 유럽으로 확산되기도 했다. 본서에서는 일반적인 의미에서 공적인 성취라는 의미를 넘어 구체적으로 보이트가 주도한 시민운동 계획의 일환이라는 뉘앙스를 살리기 위해 공적 역량 달성이라는 번역어를 택했다.

을 미치려 노력을 기울이든 교회 관료 기구는 이를 언제나 염두에 두어야 한다. 공적 광장에 존재하는 유일한 담화, 그것은 '공동선'common good이 주목해야 할 '공동'common이 바로 국민 국가라는 것이다. 이를테면 '의료 정책 논쟁'은 의회에서 이루어지는 정부 후원 의료 보험, 처방 약 가격 관리, 노인 정책 등에 관한 법률 제정과 관련이 있다. 여기서 논쟁의 결과는 의회를 거쳐 다시 정부 정책에 반영된다.

한편 시민 사회에 관한 또 다른 모델이 있다. 이 모델은 점점 더 그리스도교 사회에 영향을 미치고 있는데, 국가의 직접적인 관할권 밖에 있는 사회 공간에서 자유의 생성과 유지에 관심을 기울인다는 점에서 이 이론은 머레이의 영향권 아래 있는 이론들과 공유하는 부분이 있다.

하지만 머레이와 그를 따르는 이론들과는 달리 이 이론은 공공 정책이 아니라 시민 사회 자체의 민주적 잠재력에 초점을 맞춘다. 시민 사회에 대한 논의에서 커다란 영향력을 행사하고 있는 사람인 해리 보이트Harry Boyte는 이 모델의 대표자라 할 수 있다. 미네소타 대학교의 험프리 연구소에 있는 보이트는 풀뿌리 시민 단체들의 권한 강화를 통해 미국 민주주의가 갱신되어야 한다고 이야기했다. 이와 관련해 그는 많은 저작을 출간했을 뿐 아니라, 실제 운동가로 활동했다. 그가 가장 노력을 기울이고 있는 활동 가운데 하나는 '공적 역량 달성'Public Achievement이라 불리는데, 학령기 아이들에게 시민이 갖추어야 할 덕을 심어주는 것이다. 가톨릭 학교는 이 '공적 역량 달성'을 매우 적극적으로 적용했으며 대교구 사회정의실은 보이트와 함께 협업을 시작했다. 로마 가톨릭 교회의 목표는 '공적 역량 달성'를 활용해 가톨릭 학교에 다니고 있는 학생들이 '가톨릭 사회교리'Catholic social teaching를 공적으로 활용할 수 있도록 훈련하는 것이다. 세인트 버나드 가톨릭 학교에서 '공적 역량 달성'은 이른 시간에 뿌리를 내려 학교 문화를 변화시켰다. 학교는 매주 목요일 아침 시간을 활용해 모든 학년, 모든 학생이 '공적 역량 달성'에 참여할 수 있게 했다. 세인트 버나드는 민주주의와 사회 정의를 위한 가톨릭 학교 창설에 있어서 전국적인 모델이 되었다.[25]

보이트는 '시민 사회'라는 용어가 정치학 및 민주주의 이론에서 세 가지 중요한 주제를 드러낸다고 보았다. 그리고 이 주제들은 미국, 제3세계, 그리고 공산주의 몰락과 맞물려 동유럽에서 일어난 민주화 운동과 연관이 있다. 첫 번째는 일반 시민들이 행사하는 평범하고 일상적인 권력 유형에 대한 새로운 평가의 필요성이다. 기존의 정치학은 선거 정치와 정당에만 너무 커다란 관심을 기울인 나머지 현실에서 정책이 결정될 때 어떠한 요소들이 작용하는지를 살피는 것을 도외시했다. 보이트가 보기에 여기에는 시민들이 벌이는 소규모 운동이 중요한 역할을 담당

---

[25] Harry Boyte, Nancy Kari, Jim Lewis, Nan Skelton, and Jennifer O'Donoghue, *Creating the Commonwealth: Public Politics and the Philosophy of Public Work* (Dayton, OH: Kettering Foundation, n. d.), 18.

한다. 그는 공동체 조직 사례 연구를 중심으로 이러한 논의를 체계화했다.[26] 두 번째는 국가에 대항하는 방파제로서 기존 권력에 대한 대안적 원천의 중요성이다. 정치를 커다란 차원에서 생각해보는 것, 혹은 제임스 스콧James Scott의 근래 저서 제목처럼 '국가처럼 보는'Seeing Like a State 것은 오랜 기간 좌파 정치의 주요 경향이었다.[27] '시민 사회'는 내부에서 전체주의 정권을 무너뜨린 1989년 운동에 활력을 불어넣는 개념이 되었다. 세 번째는 자발적인 공동체 환경에서 일어나는 자유롭고 강요받지 않은 담론의 성격에 대한 평가다. 보이트와 새라 에번스Sara Evans는 '자유 공간'free spaces이라고 부른 곳에 관한 연구를 개척했는데, 이때 자유 공간은 "사생활과 대규모 제도 사이에 있는 환경으로, 사람들이 존엄성, 독립성, 이상을 가지고 행동할 수 있는 공간"을 뜻한다. 자유 공간은 "주로 상대적으로 개방적이고 참여적인 성격을 지닌 자발적 형태의 결사체들이다". 여기에는 종교 기관, 클럽, 자활 단체와 같은 것들이 포함된다. 이를테면 흑인 교회는 미국 역

---

[26] 보이트가 헤더 부스Heather Booth, 스티브 맥스Steve Max와 함께 쓴 책 *Citizen Action and the New American Populism* (Philadelphia: Temple University Press, 1986)은 거의 전적으로 그러한 사례연구들로 구성되어 있다. *CommonWealth: A Return to Citizen Politics* (New York: Free Press, 1989)에서 보이트는 그러한 사례연구를 보다 일반적인 민주주의 이론과 연계시킨다.

[27] James Scott, *Seeing Like a State* (New Haven, CT: Yale University Press, 1998). 『국가처럼 보기』(에코리브르). 스콧의 초기 저작 중에는 『약자의 무기』Weapons of the Weak라는 매력적인 책이 있는데, 이 책에서 그는 권력에 대한 가난한 이들의 일반적인 저항 방식을 탐구한다. 이들의 저항에는 비단 극적인 혁명적 봉기만 있는 것이 아니다. 시간을 끌거나, 명령을 따르지 않거나, 사보타주를 하는 것도 이들이 하는 저항의 한 방식이다.

사의 여러 국면에서 지배 문화에 반대하는 언론의 자유 가능성을 보여준 자치 기관이었다.[28] 보이트에게 그러한 기관들은 단순히 그들 자신을 위해서만이 아니라, 훨씬 더 광범위한 영향을 미치는 민주적 운동의 모판으로서 중요하다. 흑인 교회에서 시작된 시민권 운동은 보이트에게 '민주적 갱신'에 있어 특히 중요한 패러다임이다.[29]

따라서 보이트는 국가의 감독 아래 이루어지는 '유일한' 공적 논쟁을 고수하기보다는 지역 공동체의 행동에서 비롯되는 민주적 갱신을 장려한다. 하지만 보이트는 이른바 '자원봉사주의자들'voluntarists에 대해서 비판적인데, 이들은 왕성한 시민 의식을 자발적 단체에서만 발휘하는 이들이다. 그는 '자원봉사주의'로 권력에 맞서는 것을 기대할 수 있겠느냐는 물음을 제기한다.[30] 여기서 보이트는 (머레이처럼) '시민 사회'를 정부와 경제 영역 모두에 맞서는 것으로 규정하는 벤저민 바버Benjamin Barber 같은 이론가들을 비판한다. 바버는 시민 사회를 국가의 강압과 시장의 소비주의로부터 시민을 보호하는 일종의 보호막으로 보는데 보이트는 이러한 견해를 숙명론적인 것으로 간주한다.[31]* 보이트에

---

[28] Sara M. Evans and Harry C. Boyte, *Free Spaces: Sources of Democratic Change in America* (New York: Harper & Row, 1986), 17~18.

[29] Sara M. Evans and Harry C. Boyte, *Free Spaces: Sources of Democratic Change in America*, 26~68.

[30] Harry C. Boyte, 'Off the Playground of Civil Society', 4~5.

[31] Harry C. Boyte, 'Off the Playground of Civil Society', 4~5. 바버의 입장에 관해서는 그의 *A Place for Us: How to Make Society Civil and Democracy Strong*

따르면, 민주적 갱신은 '자유 공간'에만 국한되어서는 안 되며, 국가와 기업과 같은 곳에도 도전하는 방식으로 이루어져야만 한다. 이 도전에서 결정적인 비중을 차지하는 것은 '공적 업무'public work라는 발상이다. 보이트와 낸시 카리Nancy Kari는 이를 '업무 혹은 생산물 자체일 뿐 아니라 공적 측면을 지닌 업무 패턴'(다시 말해 공적인 목적을 지닌 업무, 공적으로 수행되는 업무, 공적 환경에서의 업무)으로 규정한다.[32] 이렇게 보이트와 카리는 '공적'인 것과 '업무'의 경계를 모호하게 함으로써, 미국이라는 나라가 자원봉사자들이 여가에 봉사 활동을 해서 건설된 것이 아니라 사람들의 일상 노동의 산물이라는 감각을 새롭게 일깨우려 한다. 일터는 잠재적으로 공적인 공간으로 다시 선언되고, 통상 공적인 것으로 간주되는 것은 일상과 거리가 먼 국가 관료 조직이 하는 일이 아니라 평범한 시민들의 업무로 재조명된다.

(New York: Hill and Wang, 1998)을 보라. 『강한 시민 사회, 강한 민주주의』(일신사) 마찬가지로 하버마스는 마찬가지로 경제와 국가 바깥의 영역에 있는 '시민 사회의 자기 제한'을 제안하는데 국가 관료제와 시장을 민주적 절차에 따라 이끌기에는 이제 너무 복잡해졌기 때문이다. Habermas, *Between Facts and Norms*, 366~373을 보라.

* 벤저민 바버는 『강한 시민 사회, 강한 민주주의』에서 '사회를 시민적이고 민주적으로 강하게 만드는 방법(원서 부제)'을 모색한다. 원서의 주 제목에서 볼 수 있듯 그가 보기에 시민 의식(시민성)과 공공성의 발현은 시민 사회라는 구별된 '공간'이 마련될 때 가능하다. 바버는 정부와 시장이라는 통로를 통해서가 아니라 시민들이 시민 사회를 창조해야 한다고 주장한다.

[32] Harry C. Boyte and Nancy N. Kari, *Building America: The Democratic Promise of Public Work* (Philadelphia: Temple University Press, 1996), 202.

보이트는 이른바 '도덕주의자들'moralists에게도 비판적이다. 이들은 민주적 관행이 악화될 때 이를 정부나 경제의 문제가 아니라 도덕성의 쇠락과 개인의 책임감의 문제로만 돌리기 때문이다. 물론 그 역시 공적인 것에 대한 시민들의 주인 의식이 새롭게 되어야 한다고 이야기하지만, 미국 민주주의가 잘못 운행되고 있는 것에 대해 그 책임을 시민들에게 전가하는 것은 온당치 못하다고 생각한다. 보이트가 보기에 미국인들이 이러한 현실에 왜 무력감을 느끼는지에 관한 연구, 사람들을 수동적으로 만들어내는 정부와 시장의 압도적 권력에 관한 연구는 도덕주의자들의 견해와는 무관하다.[33,*] 시민 사회의 실천을 논의하기 위해서

---

[33] Harry C. Boyte, 'Off the Playground of Civil Society,' 5~6. 여기서 보이트가 염두에 두는 것은 성명서 「시민 사회로의 소명: 왜 민주주의는 도덕적 진리를 필요로 하는가」A Call to Civil Society: Why Democracy Needs Moral Truths를 염두에 두고 있다. 이 성명서는 1998년 여름 시민 사회 위원회가 발표했으며 코넬 웨스트Cornel West부터 인디애나주의 공화당 상원의원 댄 코츠Dan Coats에 이르기까지 다양한 서명자들이 서명에 참여했다.

* 90년대 중후반 미국에서는 시민 의식과 공동체를 어떻게 쇄신할 것인지를 두고 활발하게 공적인 논의가 벌어졌다. 이 시기 다양한 측면에서 공동의 관심사를 표명하고 있음에도 불구하고, 우선순위와 강조점의 차이를 보여주는 두 사례는 다음과 같다. 첫 번째는 1996년 퓨 재단이 후원한 윌리엄 베넷William Bennett과 전 조지아 상원의원 샘 넌Sam Nunn이 공동의장을 맡고 클린턴 행정부에서 정책 자문을 역임했던 윌리엄 갤스턴William Galston이 주도한 시민적 갱신 국가위원회National Commission on Civic Renewal 활동이다. 위원회는 「관객 국가: 시민적 비관여가 미국을 약화시키는 방식과 그에 대해 우리가 할 수 있는 일」A Nation of Spectators: How Civic Disengagement Weakens America and What We Can Do About It이라는 성명서를 발표했는데 이 문서는 시민적 참여가 쇠퇴한 현상을 분석하면서 시민 운동의 부활을 모색한다. 두 번째는 시카고대학 신학부와 미국가치연구소가 함께 후원하고, 진 엘쉬타인Jean Bethke Elshtain과 데이비드 블랭켄혼David Blankenhorn이 공동의장을 맡았던 시민 사회 위원회이다. 이 위원

는 불가피하게 권력 구조를 살펴보아야 한다. 아마도 이 지점에서 보이트는 권력 대신 합리성에 중점을 두는 머레이에게 비판적이다. 물론 그 역시 합의의 공감대를 형성하는 것이 중요하다고 이야기하지만, 그가 보기에 합의는 공적 합당성을 논하는 건조한 포럼에서가 아니라 다양한 권력의 각축전에서 나타난다.

보이트의 이론과 실천이 만나는 곳은 현재 가톨릭 학교에서 시행하고 있는 '공적 역량 달성'에 있다. '공적 역량 달성'의 명시적인 목표는 아이들이 "시민으로서 사고하고 행동하도록" 교육하는 데 있다.[34] 이와 관련해 세인트 버나드 학교가 채택한 표어는 "21세기 가톨릭 시민교육"이다.[35] 학교는 학생들에게 '공적 업무'를 익히게 함으로써, 규정에 언급된 표현을 따라 말하자면 "다양한 사람들과 열심히, 계속 협력하여 공공 문제를 해결하고

회는 「시민 사회로의 소명: 왜 민주주의는 도덕적 진리를 필요로 하는가」라는 성명서를 발표한다. 이 성명서는 "우리의 주요한 도전은 전달 가능한 도덕적 진리의 존재를 재발견하는 것이다"라고 지적하면서 "시민 단체들에 연료를 공급하고 그것을 형성했던 도덕적 관념이 그 힘을 잃어버린 것"에서 문제를 발견한다. 이 밖에도 다양한 입장이 나왔는데 로버트 퍼트넘Robert Putnam은 일상생활에서 사회적 연계가 단절된 현상을 '나 홀로 볼링'이라고 불렀으며 벤저민 바버의 경우 미국인들이 추구해야 할 목표는 "도덕적 인간이라기보다 민주적 시민"이라고 지적하면서 "사회는 도덕적 진리를 필요로 하는 것이 아니라 더불어 사는 삶을 필요로 한다"는 견해를 내놓았다.

[34] Building Worlds, *Transforming Lives, Making History: A Guide to Public Achievement* (Minneapolis: Center for Democracy and Citizenship, 1998), 1. 이 책자는 공적 역량 달성에서 코치와 참가자들을 위한 훈련 안내서다.

[35] Harry Boyte, Nancy Kari, Jim Lewis, Nan Skelton, and Jennifer O'Donoghue, *Creating the Commonwealth*, 23.

우리 공동체와 더 넓은 세상을 형성하고 창조하는 데 지속적인 공헌"을 할 수 있게 한다.[36] 학생들의 모임은 선생의 도움을 받아 안건으로 상정할 문제를 결정한 뒤 일정한 행동을 취한다. 안건은 스케이트 보드장의 건설부터 학내 인종차별주의, 멸종 위기에 처한 동물이나 미등록 노동자들에 대한 정책에 이르기까지 무궁무진하다.[37] 이 안건을 관철하기 위해 학생들은 책임을 지고 있는 당국에 호소, 편지 쓰기, 모금 활동, 공동체 프로젝트, 기타 활동 등을 벌인다.

이러한 실천에는 시민 사회 이론이 반영되어 있다. '공적 역량 달성'의 중점은 젊은이들이 시민 사회 이론을 익히게 하고 '공적 정체성'을 개발하는 데 있다. 학생들은 자신이 한 활동들에 대해 매주 보고하는 시간을 갖는 데 이를 통해 '학습의 공동 창작, 공적 업무, 자기 이익 및 권력'과 같은 중요 개념들에 대해 숙고할 수 있게 된다.[38] 이러한 과정을 거쳐 그들은 민주주의가 단순히 정치 전문가들의 업무가 아니라 "국민의 업무"임을 알게 된다.[39] 더 나아가 민주주의는 "거버넌스에 참여할 수 있는 국민의 권리 그 이상"이며 모든 사람이 권력을 보유하고 공동 세계

---

[36] *Building Worlds, Transforming Lives, Making History*, 1.

[37] 주지사 제시 벤투라Jesse Ventura는 1999년 주 정부 연설에서 세인트 버나드의 학생들과 교사들이 새 운동장을 짓는 데 성공한 시도를 언급했다.

[38] Harry Boyte, Nancy Kari, Jim Lewis, Nan Skelton, and Jennifer O'Donoghue, *Creating the Commonwealth*, 18.

[39] *Building Worlds, Transforming Lives, Making History*, 40.

를 만들기 위해 권력을 발휘할 수 있다는 것을 깨닫게 된다. 여기서 자유는 개인이 "타인에 의해 방해받지 않고 자신의 삶과 목적을 선택할 수 있는" 능력으로 규정된다.[40] 설령 사회의 집단적 자기 결정이 개인의 자기 결정에 우선할 수 있다는 점을 받아들인다 할지라도 말이다.

이 마지막 부분은 숙고해 볼 만한 가치가 있다. '공적 역량 달성'에는 미국 민주주의를 새롭게 하는 것 이외에 다른 특정한 목적은 없다. 오히려 관건은 다양한 목적을 가진 다양한 사람들을 어떻게 조율하느냐에 중점이 놓인다. 안건을 선정할 때도 중요한 것은 참가자들의 자기 이익에 달려있다.

전통적 형태의 시민 교육은 제도 정치에 초점을 맞춘다. … 혹은 지역 사회 서비스(예를 들어 도움이 필요한 사람들을 돕는 것)에 초점을 둔다. 이와 달리 공적 역량 달성은 참가자의 자기 이해관계, 그리고 다양한 가치와 문화의 세계에 어떻게 공적으로 공헌할지에 대해 명시적으로 주의를 기울임으로써 이루어진다.[41]

이 구절에서 알 수 있듯 자기 이익은 좁게 정의되어 있지 않다.

40 *Building Worlds, Transforming Lives, Making History*, 23.

41 Harry Boyte, Nancy Kari, Jim Lewis, Nan Skelton, and Jennifer O'Donoghue, *Creating the Commonwealth*, 14.

공적 역량 달성의 주요 과제 가운데 하나는 나/우리가 정부로부터 무엇을 얻어내느냐에 기반을 둔 정치로부터 멀어지는 것이다.[42] 공적 역량 달성의 참여자는 자기 이익에서 공익이라는 보다 넓은 개념에 이르기까지 다양한 이익이 존재한다는 점을 인식하게 된다. 그리하여 참가자는 이해관계의 중요성을 의식하고 "공적 업무의 기본 전제는 사람들이 자신이 강력하게 느끼는 문제에 대해 적극적으로 행동하게 될 가능성이 크다"는 것을 알게 된다.[43] 목적이 주어지지 않은 상태에서, 공적 역량 달성은 개인과 단체가 자기 이익을 바탕으로 어떠한 문제에 접근하고, 그 문제에 어떻게 접근해야 할지를 결정하는 데 새로운 앎의 틀을 제공한다. 여기서 공익은 다양한 이해관계를 가진 다양한 사람들 사이에서 최종합의를 내기 위한 합의구축 과정에서 나타난다.[44] 머레이의 경우와 마찬가지로 합의는 결코 진리를 받아들이는 것

---

[42] *Building Worlds, Transforming Lives, Making History*, 39. 공적 역량 달성은 정부로부터 재화와 용역을 받는 것을 강조하는 '공민적 접근법'*civics approach*과 상대적으로 동질적인 한 집단의 이익과 경험에 지나치게 협소하게 초점을 맞출 수 있는 '공동체주의적 접근법'*communitarian approach*과 차별화된다. 이익 조직화에 대한 보이트 자신의 비판에 대해서는 다음을 보라. Harry Boyte, *Commonwealth*, 12~13.

[43] *Building Worlds, Transforming Lives, Making History*, 23. 자기 이익은 그것이 공적 행동으로 귀결된다면 정당한 출발점으로 보인다. 따라서 세인트 버나드의 공적 역량 달성은 '학생들이 변화를 만들어내는 작업을 둘러싸고 공적인 방식으로 자기 이익에 따라 행동하는 수단'으로 묘사된다. Harry Boyte, Nancy Kari, Jim Lewis, Nan Skelton, and Jennifer O'Donoghue, *Creating the Commonwealth*, 15.

[44] Harry Boyte, Nancy Kari, Jim Lewis, Nan Skelton, and Jennifer O'Donoghue, *Creating the Commonwealth*, 16.

으로는 뒷받침되지 않는다.

III. 문제들

나는 콘스탄티누스의 방식도 아니고 사사화되지도 않는 방식으로 교회를 위한 공간을 구상하는 시도에 전적으로 동의한다. 사적 담론이라는 게토를 벗어나 신학을 가능하게 한 하임즈 형제의 시도는 높이 평가할 만하다. 보이트의 계획은 공공 정책 수립이라는 협소한 구도에서 벗어나기 위해 한 걸음 더 나아갔다. 보이트가 시도하는 대중운동 그리고 교회를 국가의 패권에서 벗어난 잠재적 '자유 공간'으로 평가했다는 점에 나는 깊이 공감한다. 그리스도교 교육자들이 '공적 역량 달성'이라는 보이트의 생각을 활용하는 것은 단순히 어떻게 투표를 할 것인지에 대한 기운 빠진 권고를 넘어서 교회의 정치 담론과 시민운동에 도움을 줄 수 있는 잠재력을 지니고 있다. 머레이와 보이트의 시도들은 모두 교회에 공적인 존재감을 부여하려는 시도임이 분명하다. 그러나 여기서는 이러한 시도들이 지닌 몇 가지 문제점을 지적하고자 한다.

우선 머레이주의자들과 보이트 모두 국가와 사회의 상호 침투에 관해서는 극도로 과묵하다. 두 이론 모두 시민 사회를 본질상 국가의 강압적 관할권에서 벗어나 있는 자유공간으로 묘사한다. 그런데 권력의 흐름은 시민 사회에서 국가로 이동하기에 민주적인 조직과 사회 운동의 궁극적 목표는 국가에 영향을 미치는 것, 그리하여 그 영향을 일반화하는 것이라고 그들은 말한다. 심지어 보이트조차 말이다. 모든 사람이 국가를 제한하고, 통제하고, 활용할 수 있다는 그의 신념은 보이트가 비판하는 '공민적'civic 접근법과 크게 구별되지 않는다. 보이트는 머레이가 강조한 이성적 합의보다는 권력 경합을 강조하지만, 그럼에도 불구하고 그 권력 경합을 시민 사회에서 국가에 이르기까지 한 방향으로만 흐르는 것처럼 묘사하는 경향이 있다. 하지만 규범적이 아닌, 기술적으로 말하는 한 시민 사회에 대한 그들의 논의는 설득력이 없다. 정치학자 마이클 버드Michael Budde는 말했다.

> 머레이의 국가 이론은 그 자체로는 시민 윤리 교과서를 정치에 대한 기술로 그대로 옮긴, 그야말로 순진한 이론이라고밖에는 달리 표현할 길이 없다.[45]

노동인구의 3분의 1이 직간접적으로 국가와 관련된 일을 하는 사회에서 미국 건국의 아버지들이 의도한 바와는 무관하게 국가가 더 넓은 사회의 작고 제한된 부분이라고 주장하는 것은 실증적으로도 잘못되었다. 국가는 공론장에서 이루어지는 논의에 실질적인 영향을 미친다. 중요한 뉴스는 점점 더 공보비서관들과 언론 참모들이 결정하고 있다. 매체는 정부 대변인과 국가

---

45 Michael L. Budde, *The Two Churches: Catholicism & Capitalism in the World System* (Durham, NC: Duke University Press, 1992), 115.

기관과 밀접한 관련이 있는 다양한 '전문가'들 중에서 정보원을 찾는다.

이러한 '큰 정부' 문제를 넘어 후기 자본주의 체제에서 국가에 관한 글을 쓰는 정치학자들은 시민 사회와 국가가 단일한 복합체의 다른 계기들에 융합되는 정도가 어느 정도인가를 부각시키는 경향이 있다. 오늘날 경제, 정치, 사회 및 문화 영역은 서로 얽히고설킨다. 문화는 시장 논리에 순응하고 정치적 장치들은 자본이 작동할 공간을 만들어 내는 데 활용된다. 공적 담론들에서는 점점 더 축적의 논리가 힘을 얻는다. 학교 급식을 관철하기 위해 주 정부 재원을 활용해야 한다는 견해는 학생들의 학업을 증진하고 일본과 비교해서 세계 경제 질서에서 미국의 국가 지위를 더 향상시킨다는 측면에서 힘을 얻는다.[46] 이러한 방식으로 국가-사회 복합체는 교회의 담론과 같은 다른 형태의 논의들을 무력화하고 흡수한다. 국가는 단순히 자유롭게 모인 시민들의 일반의지를 대표하지 않으며 여러 계급이 마음대로 처분할 수 있는 중립적 수단도 아니다. 케네스 수린Kenneth Surin이 말했듯 국가는 제도들의 집합체로 "무엇보다 먼저 사회 계급의 상징적 표상에 따라 사회적 주체들 일부의 저항을 조정하고 중성화하는 것을 임무로 삼는다". 그리고 국가는 "주체들에 대한 전 세계적인 사회 생산을 필연적으로 '자연적인' 것으로 표상하면서 축적

---

[46] 이 예시에 관해서는 듀크 대학교의 로만드 콜스Romand Coles 교수에게 빚지고 있다.

과정을 촉진한다".[47] 예를 들어 수요와 공급 '법칙'과 자기 이익의 극대화는 인간 본성에 상응하는 것으로 제시되고 경제학자들의 '예측'은 규범에 바탕을 둔 것이기보다는 현실을 있는 그대로 기술하는 것으로 받아들여진다. 실제로는 둘 다인데 말이다.

근대 국가의 역사는 국가가 단순히 시민 사회 기관을 통해 표현된 국민의 의지의 수단이 아니라는 점을 보여준다. 실제로 근대 주권 국가는 더 작은 공동체들로부터 권력을 강탈한 존재로 규정되어 왔다. 국가가 가족과 공동체가 자연스럽게 성장해서 등장했다는 견해는 지극히 의심스러운 주장이다. 로버트 니스벳Robert Nisbet이 지적했듯 근대 국가는 친족 집단 및 기타 지역 사회 집단들과 대립하면서 등장했다. 서구 국가의 역사는 국가가 이전에 다른 결사체들이 갖고 있던 권력과 책임을 점진적으로 흡수하고, 국가의 주권적 권위와 개별 시민 사이의 관계를 점차 증가시키는 것으로 특징지을 수 있다.[48]

이를 입증하는 예는 무수히 많다. 친족, 재산 및 상속과 관련해 국가가 개입한 것, 법을 신적인 원천에서 관습과 전통을 통해 '드러난'disclosed 것이 아니라 국가가 제정하거나 '만든'made 것으로 보는 것, 교회재판소를 폐지하고 사법권을 국왕에게로 이

---

[47] Kenneth Surin, "Marxism(s) and 'The Withering Away of the State'", *Social Text*, no. 27 (1990), 45.

[48] Robert A. Nisbet, *The Quest for Community* (London: Oxford University Press, 1953), 104.

양하여 그 권한을 왕만이 소유할 수 있게 한 것, 지역의 의무와 특전을 상호 교환이 가능한 개인의 권리로 대체한 것, 공동의 토지를 사유화한 것(인클로저enclosure), 국가가 합법적인 폭력을 독점한 것 등…[49] 이를 포함해 수많은 사례를 뒷받침한 것은 유럽 대륙에 적용된 로마법이었다. 로마법 활용의 목적은 더 작은 결사체들의 존재를 인정하는 유일한 특권을 국가에 귀속하는 것이었다. 그리고 결사체들은 유기적으로 발전된 것이라기보다는 왕실의 명령을 따라, 중앙에서 법의 이름으로nomen juris '가상의'fictitious 인격을 부여받은 것이었다.[50,*]

---

[49] Robert A. Nisbet, *The Quest for Community*, 104.

[50] 이 발전에 관해서는 John Neville Figgis, 'Churches in the Modern State' in *The Pluralist Theory of the State: Selected Writings of G. D. H. Cole* (London: Routledge, 1989), 111~127을 보라. 비록 로마법 그 자체가 잉글랜드에서 채택된 적은 없지만, 피기스는 16세기 이후 중앙집권화를 향한 일반적인 경향의 일부로서 결사체들의 국가 인정에 대한 동등한 원칙이 발전했다고 지적한다. John Neville Figgis, 'Churches in the Modern State', 114. 아이러니하게도 교회를 순수하게 '자발적인 결사체'로 축소하는데 사용된 이 유명론의 가르침은 교황 인노켄티우스 4세에 의해 로마법으로부터 처음 차용되었다. Robert A. Nisbet, *The Quest for Community*, 113을 보라.

* 데이비드 니콜스David Nicholls는 법인격에 대한 허구론fiction theory과 허가론concession theory의 역사를 다음과 같이 설명한다. 허구론에 따르면 본래 개인만이 법률적으로 유일하게 자격을 갖춘 인격이며 권리의 주체가 될 수 있다. 인격에 대한 본래적인 발상은 실정법에 의해 제한되거나 확장되는 변용을 거치게 된다. 예컨대 많은 개인의 경우 법적 자격이 완전히 혹은 부분적으로 부정된다. 또한 개인 외부의 어떤 것으로 양도될 수도 있었기에 법인격이 인공적으로 만들어지기도 했다. 어떤 면에서 개인은 법에서 실제 인격이며 집단은 가상 인격이었다. 허구론의 유래는 인노켄티우스 4세 시기로 거슬러 올라갈 수 있다. 성직 임명권을 둘러싸고 인노켄티우스 4세가 황제와 벌인 투쟁에서 승리를 거둔 이후 교회 조직은 법인격을 가질 수 있게 되었다. 세속 권력은 주교의 정치

국가 주권의 강화 및 다른 결사체들의 약화는 개인을 억압하기 위함이 아닌 자유롭게 하는 데 그 목적이 있었다. 홉스, 루소와 같은 국가중심적 이론가들은 이 부분을 강조한다. 니스벳이 명료하게 밝혔듯 "근대 정치사에서 진짜 갈등은 흔히 이야기되는 것처럼 국가와 개인 사이에서 일어난 것이 아니라 국가와 사회 집단 사이에서 일어났다".[51] 실제로 국가의 부상은 개인의 창출에 바탕을 두고 있다. 의문의 여지가 없는 단 하나의 정치 중심이 실현된다는 것은 법 앞에 각 개인을 동등하고 평등하게 대한다는 것을 뜻한다. 그리고 이로 인해 개인은 자신과 동료 시민들을 가르는 지역 관습과 결사체들에 대한 충성심에서 자유롭게

적 권리를 인정하게 되었으며, 교회와 관련된 법인격은 처벌 대상이 되지 않게 되었다. 그런데 집단이 단지 가상적이라면 그것은 어떤 단체가 허가해서 인격을 부여했을 것이다. 집단들은 자신들의 인격을 국가로부터 '허가'를 받았다. 한편 폰 기르케Otto Friedrich von Gierke는 집단인격에 대한 허구론과 허가론을 비판하면서 모든 법이 국가로부터 기원하지 않았으며, 사회학적인 관점과 결부시켜 국가와 법은 상호의존적이라고 주장한다. 그는 게르만법 연구를 통해서 개인 차원을 넘어선 집단의 실제 인격이라는 발상과 단체법을 발전시키게 된다. David Nicholls, *The Pluralist State: The Political Ideas of J. N. Figgis and his Contemporaries* (St. Martin's Press, 1994), 63~64.

니스벳은 폰 기르케가 로마법에서는 국가와 개인을 중재하는 집단에 대해서 할 말이 많지 않다는 점에 동의하지 않는다고 지적하면서도 '허가'에 대한 로마법 전통의 가르침은 결사체의 자율성을 파괴했다고 말한다. 모든 집단은 그들의 기능과 권한 행사를 위해서 국가의 의지에 의존해야 했고, 집단은 군주의 법적 사색에서만 존재하게 된다. 아울러 '허가'에 대한 가르침은 개인만이 사회의 진정한 단위이며 모든 단체는 단순히 허구라고 선언한 철학적 유명론과 결부된다. Robert A. Nisbet, *The Quest for Community*, 113.

51 Robert A. Nisbet, *The Quest for Community*, 109.

된다. 이를테면 중세 길드 제도와 경제 문제에서 종교적 관습의 끝없는 '중재'가 해체되자 '자유' 시장이 급속하게 발전했다.[52] 국가 권력은 자본주의와 함께 성장했는데 여기에는 세 가지 이유가 있었다. 우선 국가는 기업 및 국제 무역에 대해 보조금을 지급했고, (국가가 위임한) 표준화된 통화 및 과세 체계가 개발되었으며, 토지, 상품, 특히 노동의 상품화와 계약화를 가능하게 한 중앙집권적 법률 체계가 출현했기 때문이다. 다시 말해 비인격적이고 중앙집권적인 국가는 자율적 개인을 발명했는데 이들은 전통적인 집단에서 해방되어 계약에 근거해 다른 개인들과 관계를 맺게 되었다. 노동이라는 형식 안에서 자기 자신을 포함한 소유권은 소외되었다. 그리하여 자본가와 임금 노동자 모두가 탄생했다.[53]

사회학자 찰스 틸리Charles Tilly는 「조직화된 범죄로서의 전쟁 만들기 및 국가 만들기」War Making and State Making as Organized Crime라는 제목의 논문에서 국가가 합법적인 폭력을 독점한 것을 조직 폭력배가 우호적인 이웃을 가장해 보호료를 받는 사업과 견주며 탐구한다. 틸리는 말한다.

---

52 예를 들어 Adam Smith, *The Wealth of Nations* (New York: The Modern Library, 1937), 740~765, 775~777. 『국부론』(비봉출판사) 스미스는 교회의 촉진에 따라 계급들을 서로 묶어 놓은 '이해관계의 끈'이 상업의 부상과 함께 어떻게 해체되었는지를 자세히 설명한다.

53 Anthony Giddens, *The Nation-State and Violence* (Berkeley: University or California Press, 1987), 148~171.

전쟁 도발자와 국가 건설자들을 강제적이고 자기 이익을 추구하는 기업가로 그리는 것은 다른 대안들보다 훨씬 더 사실과 닮아있다. 사회 계약의 발상, 군대나 국가의 운영자들이 고객들에게 서비스를 제공하는 개방된 시장에 대한 발상, 특정한 형태의 정부를 요구하는 규범과 기대를 공유하는 사회에 대한 발상 등.[54]

국가는 막대한 재산을 갈취하고 국경 안과 밖에서 일어나는 폭력으로부터 시민을 보호하는 대가로 시민을 전장에 내보내 죽이고 죽게 하는 권한을 무리하게 행사한다. 국가의 전쟁 만들기가 '보호'에서 '갈취 행위'로 전환되는 것은 국가가 종종 자신이 만들어낸 위협으로부터 자기 자신을 방어한다는 사실에서 드러난다. 그 위협은 상상일 수도 있고 국가 활동의 실제 결과일 수도 있다. 게다가 국가가 수행하는 '방위'를 위해 내부를 억압하고 시민의 재산과 신체를 끌어다 쓰는 행위는 일반 시민들의 생계를 가장 실질적으로 방해하는 장애물일 때가 많다. "거절할 수 없는 제안"offer you can't refuse은 거의 언제나 가장 커다란 비용이 든다. 엉클 샘Uncle Sam과 대부the Godfather*의 주된 차이는 후자가 정

---

[54] Charles Tilly, 'War Making and State Making as Organized Crime' in *Bringing the State Back In* (Cambridge: Cambridge University Press, 1985), 169.

* 엉클 샘은 미국의 모병 포스터 안에 등장하는 백인으로 군국주의적 애국심 고취와 관련해서 다양하게 활용된다. 포스터 안에서 미국 성조기의 별이 달린 모자를 쓴 엉클 샘은 검지를 정면으로 치켜든 채 "엉클 샘

부의 공식적인 승인이 제공하는 마음의 평화를 누리지 못했다는 점에 있다.[55]

아서 스틴치콤브Arthur Stinchcombe의 정당성에 관한 연구를 바탕으로 틸리는 역사적으로 '합법적' 폭력과 '불법적' 폭력을 구별하는 것은 피치자의 동의나 사람들을 결속하는 종교적 정서와는 거의 관련이 없음을 보여준다. 양자의 구분은 국가가 규정된 영토 내에서 폭력 수단을 효과적으로 독점함으로써 확보되었는데, 이는 16세기와 17세기 근대 국가의 탄생과 함께 유럽에서만 완성된 점진적 과정이었다. 국가 폭력과 강도질 사이의 경계가 국가 형성 과정 초기에는 유동적이었으나 이내 정부 요원들은 다른 조직의 인사들보다 훨씬 광범위하고 효과적으로 폭력을 행사할 수 있었다.[56] 국가를 만드는 과정은 신흥국가의 권력 엘리트들이 추구한 전쟁과 불가분의 관계에 있

이 당신을 부른다", "미군이 너를 원한다"고 지시한다.

마리오 푸조Mario Puzo의 소설이자 프랜시스 코폴라Francis Ford Coppola 감독이 연출한 영화인 《대부》The Godfather는 이탈리아 이민자 출신의 거대 범죄 조직 마피아의 3대에 걸친 역사를 그린다. 코폴라는 여기서 정치권력과 경제계, 조직 폭력 단체의 유착 관계를 그려냄으로써 미국 사회의 어두운 면을 조명하기도 했다. 본문에서 캐버너가 차용한 "거절할 수 없는 제안"은 대부에서 나온 유명한 대사다. 비토 콜레오네와 그의 아들 마이클 콜레오네는 일 처리를 지시할 때 "그에게 거절할 수 없는 제안을 하지"I'm gonna make an offer he can't refuse라고 말한다.

[55] Charles Tilly, 'War Making and State Making as Organized Crime', 170~171.

[56] Charles Tilly, 'War Making and State Making as Organized Crime', 170~175.

다. 틸리가 말했듯 "유럽 국가들과 형성 중인 국가들을 통제했던 이들은 자신들의 경쟁자들을 견제하거나 극복하기 위해서, 그래서 안전하거나 확장된 영토 내에서 권력의 이점을 누리기 위해서 전쟁을 벌였다".[57] 더 효과적인 전쟁을 위해, 그들은 돈과 신체에 대해 합법화된 접근을 확보하려고 시도했다. 그들의 전쟁 수행 능력 강화와 상비군 탄생은 결국 경쟁 상대를 제거하고 국민으로부터 자원을 독점적으로 추출할 수 있는 권력이 증대되는 것으로 이어지게 되었다. 이러한 활동은 조세 징수 기구, 법원, 관료제의 등장 등 규정된 영토에 대한 행정 주권을 실현할 수 있는 근대 국가의 등장으로 촉진되었다.[58] 피치자의 동의는 나중에 이루어졌으며 이는 국경 내에서 폭력 수단을 국가가 독점했기에 가능한 일이었다. 사람들은 일반적으로 보복에 대한 공포 그리고 안정으로부터 혜택을 입는 이들에게는 그 안정을 유지하고자 하는 열망 모두에 발휘되는 실질적 힘을 통제하는 당국의 결정을 비준할 가능성이 더 크다.[59] 틸리의 표현처럼 "보호를 제공한다는 정부의 주장은 폭력 수단을 독점하려는 경향으로 인해 위안을 주거나 좋지 않은 의미에서 신뢰를 강제하고 저항하기 어렵게 만든다".[60]

---

[57] Charles Tilly, 'War Making and State Making as Organized Crime', 172.

[58] Charles Tilly, 'War Making and State Making as Organized Crime', 172~186.

[59] Charles Tilly, 'War Making and State Making as Organized Crime', 171~5.

[60] Charles Tilly, 'War Making and State Making as Organized Crime', 172.

시민 사회에서 국가로 권력이 흐르는 머레이의 모델과는 대조적으로 헤겔Georg Wilhelm Friedrich Hegel부터 시작된 다른 정치 이론가들은 권력 흐름이 국가에서 시민 사회로 나아가는 방식으로 그렸다. 헤겔에게 시민 사회에 속한 단체들은 국가와 개인 사이에서 교육 기능을 수행한다.* 헤겔은 시민 사회를 정의할 때 (머레이처럼) 업무, 노동을 제외하지 않는다. 오히려 시민 사회는 구체적인 노동을 추상적인 노동으로 전환하는 공간이다. 노동조합, 학교, 기업과 같은 시민 사회의 제도 및 기관들은 원초적이고 거친 노동력을 흡수하고 공공의 이익을 위해 이를 길들인다. 노동과 개인의 모든 이익과 목표는 시민 사회에서 이루어지는 교육 과정을 통과해야만 비로소 "인륜적 이념의 현실태"인 국가에서 온전히 실현되고 보편화될 수 있게 된다.[61] 헤겔에게 국가는 생산과 가족에 바탕을 두기는 하지만 그 결과물이 아니다. 국가야말로 최초의 것, 생산과 가족의 참된 근거다.[62] 노동, 가족, 그리고 인격 자체는 오직 국가에 참여함으로써만 '진정으로' 객

---

[61]   G. W. F. Hegel, *The Philosophy of Right* (Oxford: Clarendon Press, 1952), §257.

[62]   G. W. F. Hegel, *The Philosophy of Right*, §256.

*   헤겔에게 있어서 시민 사회는 "국가보다 늦게 형성되었지만, 가족과 국가와는 별개로 이 둘 사이에 등장"하는 분기점이다. 그에게 시민 사회는 특수가 보편으로 이양하는 매개로 이해된다. 한편으로 시민 사회는 "구성원 각자의 저마다의 고유한 활동 영역을 보장"해 주면서 다른 한편으로는 "그것을 공동성으로 교양, 형성하는 과제"를 안고 있다. 헤겔에 따르면 시민 사회는 "공동의 가족이라는 성격을 지닐 뿐 아니라 교육과 관련해서는 그것이 사회의 일원이 되는 능력의 문제와 관계되는 한, 부모의 자의와 우연성을 배제하면서 교육을 감독하고 지도할 의무와 권리는 시민 사회에 주어진다". 헤겔, 『법철학』(한길사, 2008) 참조.

관성을 얻을 수 있게 된다.*

　미셸 푸코Michel Foucault는 헤겔이 이상理想으로 생각했던 것이 어떻게 허울 좋은 현실이 되었는지를 실증적으로 상세하게 보여주었다. 정당, 노동조합, 학교, 기업, 교회, 교도소 등 시민 사회의 제도와 기관들은 국가 프로젝트를 실현하는 교육적인 혹은 규율적인 기능을 한다.[63] 이를테면 노동조합은 국가 정책에 영향을 미치는 공적 토론에서 노동자들의 이익을 대변하기보다는 자본주의 사회 관계에서 일어나는 적대를 중재하는 데 복무하고 자본주의 국가를 지지하는 노동자들을 배출하는 역할을 한다. 이는 전시 중에 노동조합(과 교회)가 과잉 애국주의를 보인다는 점에서 잘 드러난다. 국가가 시민들을 교육해 자신을 선전하는 것을 목표로 한다고 해서 반드시 이를 의식적으로 표현해야 하는 것은 아니다.[64] 감시는 서구 사회의 일반적 특징이 되었는데, 그 저변에는 국가 패권이 자리 잡고 있다. 물론 그렇다고 해서 국가가 전체주의적인 중심부에 의존하는 방식으로 통치하는 것은 아니다. 그럼에도 불구하고 국가는 감시하고 통치한다. 푸

---

[63]　예를 들어 Michael Foucault, *Discipline and Punish: The Birth of the Prison* (New York: Vintage Books, 1977), 293~308을 보라. 『감시와 처벌』(2003)

[64]　예를 들어 Michel Foucault, 'La gouvernementalité' in *Dits et écrits*, Vol. 3, (Paris: Gallimard, 1994) 『푸코 효과: 통치성에 관한 연구』(난장)

*　헤겔의 국가는 "특수한 자기의식이 공동성으로까지 고양된 가운데 실체적 의지가 현실성을 갖춘 존재이며 절대적으로 이성적이다." 헤겔에게 국가는 "자유를 최고로 신장시킨 절대부동의 자기목적"을 가지고 있으며 "개개인의 최고 의무는 국가의 성원이 되는 데 있다". 헤겔, 『법철학』, §258 참조.

코가 이야기한 파놉티콘의 힘은 자기 규율을 표준화하는 데 있다. 이는 겉보기에 자유로워 보이는 시민 사회 제도 및 기관들의 교육을 통해 강화된다.

마이클 하트Michael Hardt가 「시민 사회의 쇠퇴」The Withering of Civil Society라는 글에서 주장했듯 시민 사회와 국가는 더는 명확하게 구분되지 않으며 그럴 정도로 융합되어 왔다고 말하는 것이 오늘날 현실에 대한 가장 정확한 기술일 것이다.[65] 이를테면 정부의 규제는 일정한 목적을 위해 사회의 모든 측면과 모든 유형의 활동에 적용된다. 사람들은 점점 더 정부를 '고객'인 시민에게 봉사하는 것을 최우선으로 하는 재화 및 서비스 공급업체로 여긴다. 보이트는 이러한 현실에 탄식하지만 말이다.* '자원봉사주의자들'에 반대하는 논의를 펼치며 그는 시장의 합리화로 국가, 기업, 시민 사회가 식민화된 까닭에 점차 서로 닮게 되었다고 이야기한다. 전문화된 서비스를 제공함으로써 회중을 끌어들이는 데 초점을 둔 대형 교회의 '경영 문화'는 그 암울한 예다.[66] 미셸

---

[65] Michael Hardt, 'The Withering of Civil Society', 27~44.

[66] Harry Boyte, 'Off the Playground of Civil Society', 5. 국가와 사회의 상호 침투 사례들은 증폭될 수 있다. 즉시 떠오르는 것은 정부 '규제자'에 의한 기업 합병에 대한 공식적인 권장이다. 이러한 합병에 대해 벌어지는 논쟁은 '이 특정한 합병은 소비자들에게 좋을 것인가, 나쁠 것인가?'라는 질문을 중심으로 진행된다. 이때 논쟁은 국가가 관리하고 사람들은 시민이 아닌 소비자로 규정된다.

* 국가가 사회의 산물이라기보다 사회를 창조하고, 그것을 흡수한다는 캐버너의 후속 논의는 William Cavanaugh, 'Killing for the Telephone Company: Why the Nation-State Is Not the Keeper of the Common Good', *Modern Theology* 20(2004), 243~274 참조. 여기서 캐버너는 국민 국가가

드 세르토Michel de Certeau는 오늘날의 신들은 국가, 시민 사회 및 경제를 깔끔하게 구분하는 것을 존중하지 않는다는 점을 예리하게 지적한다.

> 라디오 소리에 깨어난 순간부터(소리는 법이다), 청취자는 내레이션, 언론, 광고, 텔레비전이 빚어낸 숲속을 온종일 거닌다. 이들은 밤에 수면의 문 밑으로 마지막 메시지를 몇 개 슬쩍 흘린다. 과거 신학자들이 우리에게 이야기했던 하느님 그 이상으로, 이야기들은 신적인 섭리와 예정의 기능을 한다. 이 이야기들은 우리의 일, 우리 삶의 의미, 심지어 우리의 꿈까지 조직화한다. 이야기라는 형태로 각인된 행동과 태도는 사회생활을 통해 증폭된다. 우리는 이야기의 '사본'이 되어 이를 끊임없이 재생산하고 저장한다.[67]

국가, 사회, 경제가 이 정도로 상호 침투가 이루어지고 있다면 국가 외부의 자유 공간에 대한 발상만으로는 진정한 대안 공간을 창출하는 것이 충분하지 않을 수도 있다. 실제로 공적 역량

한편에서는 더 성스러운 가치를 위해 생명을 바치라는 애국주의를 선전하면서 다른 한편에서는 전화 회사와 같은 서비스 업체 성격을 띠고 있다는 점을 지적한 알래스데어 매킨타이어Alasdair MacIntyre의 논의를 차용해 이야기를 전개한다.

[67] Michel de Certeau, 'Believing and Making People Believe' in *The Certeau Reader* (Oxford: Blackwell Publishers, 2000), 125.

달성과 같은 프로젝트는 헤겔과 푸코가 시민 사회와 관련해 구상한 일종의 교육적, 혹은 규율적 기능을 수행하는 데서 그칠 수도 있다. '공적 역량 달성'이 규정하는 자유에 내재된 인간학은 민주적 자본주의 질서에 동화될 수 있지만, 인간의 목적은 인간 스스로가 선택하는 것이 아니라 하느님에게서 받는 것이라고 하는 그리스도교 인간학과는 동화되기 어렵다. 어린 그리스도인들의 '공적 정체성'이 국민 국가의 시민으로 형성된다면 같은 학생들이 세례를 통해 바울이 필립보 교회의 교인들에게 말했듯 그들의 "시민권이 하늘에 있다"(필립 3:20)는 사실과 에페소인들에게 보낸 편지가 상기하듯 그들의 참된 동료 시민들은 성도들이라는 점(에페소 2:19)을 망각하더라도 용인될 수 있다. 다시 말해 그리스도교 학교에서조차 그리스도교 언어를 공적으로 사용하는 것을 피하고자 우리가 자기 규율을 한다면 교회를 '자유 공간'으로 보기는 힘들다.

머레이와 보이트 이론 모두 '공적인' 장에 들어가기 위해 교회가 치러야 할 대가는 그리스도교적 발언을 공적 이성의 기준에 따라 스스로 규율해 자신의 특정한 진리 주장을 굴복시켜야 한다는 점이다. '공적 역량 달성'의 경우 자기 이익을 고려하기에 앞서 가난한 이들에 대한 특별한 관심과 같은 특정한 그리스도교적 목적은 다양한 목적들의 합의를 위해 절차적인 탐색에 예속되며, 궁극적으로는 누구도 자기 이익의 관점에서 선택한 사안보다 더 큰 이유를 제시하며 주장할 수 없다. 정치 이론가 로 만드 콜스Romand Coles는 보이트의 의도와는 달리 그의 실용주의가 소수자의 입장과 진리의 어떤 척도를 따르나 인기는 없는 주장을 침묵하게 하는 성향이 있다고 비판한다. 다양한 목소리를 끌어내는 것에 강조점을 두게 되면 공동의 목표를 중심으로 이 목소리들을 조급하게 수렴해야 한다는 강박감에 빠질 수도 있다. 콜스는 이때 "부조리"하거나 "분열을 초래하는" 것처럼 보이는 정치 담론을 주목하자는 의견이 묵살될 위기에 처하게 된다고 이야기한다.

> 실용주의 정치는 조직의 다수나 조직이 호소할 중간층에 있는 이들이 이질적인 관점에서 낯선 표현을 사용하는 이들이 있을 경우 이에 제대로 귀 기울이지 않음은 물론 편협하게 대하는 것을 조장할 수 있다.[68]

앞서 언급했듯 보이트는 '자유 공간'의 대표적인 예로 흑인 교회를 들지만, 일부 흑인 교회에서 내세우는 엄청난 진리 주장("예수는 주님이시다. 그분은 단지 우리만을 위한 분이 아니다.")을 어떻게 공적인 것으로 수용해야 할지는 분명하게 이야기하지 않는

---

[68] Romand Coles, 'Toward an Uncommon Commonwealth: Reflections on Boyte's Critique of Civil Society', *The Good Society* 9, no. 2 (1999), 26. 조급하게 묵살된 담론의 예로 콜스는 "비인간중심주의 생태윤리, 동물권, 젠더 역할에 대한 급진적 굴복, 소수자에게 유리한 입장에서 정치적, 경제적, 문화적 주류 관행을 향한 도전" 등을 든다.

다. 좀 더 근본적인 문제는 '공적 역량 달성'이 미국 민주주의의 갱신을 '궁극적인 목적'으로 제시한다는 점에 있다. 미국에서 온전한 민주주의를 성취하는 것이야말로 '공적 역량 달성'의 행동 목적이고 절대적인 신념의 대상이다. 이 지점에서 다양한 목적에 대한 담론은 없다.

머레이는 적어도 공적 합의가 자기 이익이 아니라 하느님께서 주신 진리 위에 놓여야 한다는 점을 분명히 한다. 그럼에도 불구하고 머레이의 기획은 공적으로 신학적 주장을 하는 교회의 능력에 대한 자기 규율의 대표적인 예다. 신학은 '공적인' 것으로 간주되는 것에 복종해야 하는데, 여기서 '공적인 것'은 국민 국가에서 이해하는 '공적인 것'이다. 그러므로 그리스도교의 상징들은 사회 윤리라는 분쇄기를 통과해 공적으로 소화될 수 있는 정책으로 나와야만 한다. 하지만 탈랄 아사드Talal Asad가 지적했듯 제자 공동체들에서 이론적으로 분리 가능한 상징 체계로서의 종교는 근대 세속 국가가 교회를 흡수하는 것을 촉진하는 근대의 발명품이다. 하임즈 형제에 따르면 의례와 상징은 도구적이거나 실용적인 행동과는 속성적으로 구별된다. 그리스도교 상징은 그 상징이 가리키는 실재에서 한 발짝 떨어져 (클리퍼드 기어츠가 주장했듯) 공적으로 의미 있는 행동을 일으키는 동기를 끌어낸다. 그러므로 이 상징은 제자 공동체에 참여하는 것과는 별개로 변화를 끌어낼 수 있다. 그러나 아사드가 중세, 특히 베네딕도회의 실천에 관한 연구에서 지적했듯 의례는 그리스도교의 완결된 규율, 제자도와 분리된 별개의 활동으로 단 한 번도 상상된 적이 없다. 실제로 종교의 상징들은 규율 및 권력에 관한 구체적인 실천과 결코 분리되지 않는다. 아사드는 근대에 "(지적·사회적) 규율이 종교의 공간을 버리고 그 자리에 '믿음', '양심', '감수성'을 배치했다"는 점을 지적한다.[69] 물론 이는 규율이 사라졌음을 뜻하지 않으며 강제 수단에 대한 절대적인 독점권을 갖고 있다고 상정된 국가가 규율을 관리하게 되었음을 뜻한다. 서구 근대에서 규율을 제시하고 집행하는 1차 장소는 국가-사회 복합체가 되었으며 교회는 본질적으로 준*사적 임의단체로 변모했다.[70]

종교를 공적으로 만들려는 시도의 가장 큰 문제는 그것이 여전히 '종교'라는 점이다. 아사드는 종교의 독특한 본질을 규명하고 '정치'나 '경제'의 부수 현상에 지나지 않는다는 혐의로부터 종교를 보호하려는 시도가 실제로는 근대에 일어난, 담론과 권력 영역에서 종교를 제거하려는 작업과 연결되어 있음을 보여준다. 종교는 특정한 교회의 실천과 분리될 수 있는 보편적인 성격을 지니고 있고 어떠한 신념을 갖고 있든지 간에 모든 시민이 국가를 그들의 최우선 공동체로 간주하는데 필요한 동기를 제공하며, 따라서 평화적인 합의를 도출할 수 있다. 지금까지 살펴보았듯 '정치'와 분리된 초역사적 현상으로서 종교는 교회를 길들이

---

[69] Talal Asad, *Genealogies of Religion: Discipline and Reasons of Power in Christianity and Islam* (Baltimore: Johns Hopkins University Press, 1993), 39.

[70] Talal Asad, *Genealogies of Religion*, 27~54.

기 위해 고안된 서구 근대성의 창조물이다. 종교는 다른 문화·상징적 표현을 취할 수 있지만, 이는 정치 권력과는 본성상 구별되는 보편적 본질로 남아있다. 그리고 이것이 공적으로 통용되기 위해서는 공적으로 수용한 '가치들'로 번역되어야 한다. 종교는 교회에서 규율하는 실천이라는 특정한 장소로부터 신자들을 분리해 그들이 국가 규율에 복종하는 것, 교회와 국가가 양립하는 것을 가능케 한다. 종교를 접착제로 삼아 커먼웰스를 단결시키려 하는 신학자들의 시도들에서 우리는 보댕의 울림을 감지한다. 이것은 종교이고, 교회가 아니다. 교회는 권력의 영역과 완전히 분리되어야 하기 때문이다.

교회가 순전히 공적인 존재로 있기보다는 '공적인 것'에 영향을 미치려고 애쓰는 과정에서 교회가 공적인 것에 의해 종교로 축소되었다는 점은 무척 아이러니한 일이다. 교회의 공적 핵심어는 제자도에서 시민 의식으로 대체되었다. 신학을 공적 영역에서 추방하면서 교회는 심지어 교회 안에서조차 신학적 순전함을 가지고 발언하기 어렵게 되었다. 교회에서 공적인 영역으로 향하는 권력의 흐름은 역전되어 교회 자체를 침몰시킬 위험에 놓이게 했다.

이러한 상황에서 많은 사람이 전례, 성사, 교리가 사회 문제가 출몰하는 '진짜 세계'real world와 무관하다고 생각하는 것은 그리 놀라운 일이 아니다. 이로써 그리스도교의 상징은 교회를 벗어나 자유롭게 떠돌게 되었는데 이는 신학적으로 그 자체로 사회적 현실이다. 여기서 그리스도교 상징은 반드시 번역되고 대체해야만 게토화를 면할 수 있다. 그러나 본래 그리스도교 전통에서 전례는 개인이 소비하는 상징을 만들어내는 장치 그 이상이다. '공적 역량 달성'이 가정하는 것과는 달리 그리스어 레이투르기아leitourgia가 제안하듯 전례는 라오스laos의 에르곤ergon, 다시 말해 참된 '백성의 업무'다.* 하느님의 복이 퍼져나갈 때 제대 주위에 모인 교회는 단순히 분산되어 시민 사회로 흡수되는 것이 아니다.** 전례는 더 나은 시민이 되기 위해 내면의 동기를 유발하는 것 이상을 수행한다. 즉 전례는 그리스도의 몸을 생성해낸다. 앙리 드 뤼박의 말을 빌려 말하면 성찬은 교회를 만든다.

---

* 전례라는 용어는 고전 그리스어 레이투르기아leitourghia에서 유래하는데, 이는 백성을 의미하는 라오스laos와 일, 업무를 의미하는 에르곤ergon의 합성어이다. 따라서 레이투르기아는 백성을 위한 업무, 백성들의 봉사로 번역될 수 있다. 헬레니즘 시대에 그리스인들에게 레이투르기아는 법이나 관습으로 규정된, 공동선을 위한 봉사를 의미했으며 여기에는 극장에서의 합창단 공연, 선박 장비뿐 아니라 공공사업이나 제의적 봉사를 가리키는 말로 쓰이기도 했다. Matias Augé, *Liturgia: Storia, Celebrazione, Teologia, Spiritualit*(Edizoni Paoline, 1992) 11~23.
한편 베른트 워넨베츠흐Bernd Wannenwetsch에 따르면 교회는 종교적 활동을 의미하는 다른 그리스어 오르기아orgia보다 레이투르기아를 선호했는데, 전자는 보다 사적이거나 비의적인 의미로 사용되곤 했기 때문이다. 이런 의미에서 워넨베르츠흐는 "전례의 실천이 새로운 형태의 공적 영역을 구축했다"고 지적한다. Bernd Wannenwetsch, 'Liturgy' in *The Blackwell Companion to Political Theology*(Malden, MA: Blackwell Publishing, 2007), 78.

** 모임이 끝나고 폐회선언을 할 때 사용된 라틴어 미사Missa(모임의 해산)는 교회의 모임에서도 사용되었다. 이후 미사는 예배 모임을 의미하게 되면서 성찬 제사를 지칭하는 용어를 가리키게 된다. 강복이 끝나면 사제는 "미사가 끝났으니 가서 복음을 전합시다"라는 말로 파송(라틴어로는 '미시오'missio)의 말을 전한다.

교회는 그 자체로 독자적인 사회적 신체(몸)이며 시민 사회에 있는 자발적 결사체로 환원될 수 없는 공적 존재다.

결국 지금까지 검토한 시민 사회에 관한 두 가지 이론의 가장 심각한 문제는 허약한 교회론에 있다. 사적이지도 않고 국가의 속박에 갇히지도 않은 공적 그리스도교의 실존에 대한 그들의 탐구는 교회가 중요한 사회적 공간으로서 지니는 가능성을 우회할 뿐이다. 심지어 이 이론들에는 기본적인 아우구스티누스적 감각도 실종되었는데 이 감각에 따르면 교회는 그 자체로 이 땅에 있는 도성의 시민성과 일종의 긴장을 이루는 대안 '공간' 혹은 일련의 실천이다. 아우구스티누스에게 참된 레스 푸블리카res publica, 즉 '공적인 것'은 제국이 아니라 교회다. 제국은 하느님을 합당하게 대하지 않고 정의 행하기를 거부함으로써 자신이 참으로 공적인 것이라는 주장을 박탈당했다.[71] 반면에 머레이와 보이트의 경우 공적인 것은 국민 국가가 제한하는 공간이며 이 공적인 공간에 들어가기 위해서는 몸으로서 교회를 뒤에 두어야 한다. 그리하여 '기본적으로 지향하는 태도'로 강화된 개별 그리스도교인들은 공적 공간에 참여할 수 있지만 교회는 그림에서 사라진다. 여기서 교회 자체는 본질적으로 비사회적 존재로, 공적 행동을 위한 '동기 부여'와 '가치'만을 제공할 뿐이다. 그러므로 이때 그리스도교인들은 정치와 공적 활동을 다른 곳에서 일굴

---

[71] St Augustine of Hippo, *The City of God* (New York: The Modern Library, 1950), XIX, §21~22. 『신국론』(분도출판사)

수밖에 없다. 세속 국민 국가가 제시하는 유용한 선택사항을 차용하면서 말이다. 이러한 상황에서 그리스도교인들이 공적인 영역으로 진입하기 위해서는 시민의 언어를 취할 수밖에 없다. 가톨릭 학생들이 미등록 노동자들의 곤경을 헤아릴 때 그들은 자신들이 '시민'으로서 해야 할 일을 하고 있다고 생각할 것이다. 저 노동자들이 시민권을 부정당한 일이 이 모든 곤경의 근본적인 원인이라는 것을 헤아리지 못한 채 말이다.

Ⅳ. 공적 공간으로서 교회

근대 그리스도교인들은 국가가 제시한 구원론의 힘에 굴복하는 경향이 있었다. 때로 이러한 굴복은 그리스도교적인 이유를 들어 일어났다. '세속화'secularization라고 불리는 것을 세속사회에서 성스러운 것을 점진적으로 벗겨내는 과정으로 이해하는 것만으로는 충분하지 못하다. 이 과정을 통해 서구 문명은 구원에 관한 한 가지 신화mythos를 다른 신화mythos로 대체했다. 뒤에 나타난 신화는 이전 신화를 모방함으로써 커다란 승리를 거두었다.[72] 교회와 칼이 분리되었을 때 많은 그리스도교인은 평화의 하느님이 권세자들과 정사들에 의해 감금되어 있다 해방된 것으로 이해했다. 또한 신앙의 다원주의에도 불구하고 많은 이는 통합된 국가 아래서 일치와 평화를 향한 그리스도교 신앙의 여정이 본

---

[72] 나는 여기에서 신학과 사회이론에서 틀을 잡은 존 밀뱅크의 논증에 빚지고 있다. 특히 해당 책 9~12쪽을 보라.

래 약속받은 바가 이루어질 것이라는 기대를 했다.

그러나 사적 영역에 종속된, 시민들의 자발적 결사체 역할을 비판 없이 받아들인다면 교회는 구속력이 있는 실천을 행할 수 있는 국가의 렐리가레religare에 저항할 수 있는 규율적 자원들을 상실하게 될 것이다. 물론 교회가 '공적' 존재가 되어야 한다는 요청은 교회가 다시 한번 칼을 쥐어야 한다는 뜻이 아니다. 실제 로는 정반대다. 여기서 교회 규율을 국가 규율과 대비시킨 데는 오늘날 국가의 존립을 위해 너무도 많은 피를 흘리게 한 폭력에 교회가 맞서게 하려는 데 있다. 폭력을 독점한 국가에 맞서기 위 해서 교회는 그 행동의 일부를 다시 취해서는 안 된다. 이는 또 다른 형태의 콘스탄티누스주의다. 여기서 주장하는 것은 권력 에서 교회를 분리한 것이 서구 문명의 고된 순례에서 출혈을 멎 게 하는 것과는 아무런 관계가 없다는 점이다. 전쟁은 더욱 격렬 해졌고 종교 실천가들의 자발적 결사체로 교회를 재창조한 것은 교회에서 저항할 수 있는 능력을 앗아갔을 뿐이다. 이러한 틀에 서는 교회의 참여와 '공적 논의'가 공모를 한다 해서 국가의 규 율에 별다른 영향을 미치지 못한다.

교회를 공적 공간으로 이해한다는 것은 무엇을 의미하는가? 먼저 우리는 '공적'인 것의 개념을 보다 엄밀하게 정의할 필요 가 있다. 어떤 의미에서 지금까지는 '공적'이라는 표현을 '사적 이지 않다'는 부정의 의미로 사용해 왔는데, 이는 교회가 개인이 나 가정에만 국한되지 않는다는 것을 뜻한 것이다. 하지만 오늘날 흔히 쓰는 공/사 이분법을 비판 없이 받아들이면 교회가 공적이라는 의미를 오해할 수 있다. 그리스도교 전통에서 가정은 단순한 사적 공간, 단순한 '오이코스'oikos가 아니다. 가정은 환대를 실천함으로써 공동체에 늘 개방되어 있을 뿐만 아니라(루가 10:5~11),* 교회는 옛 가족 단위의 고립을 타파한 새로운 '가족'이기 때문이다(마르 3:20~35).** 요한 바오로 2세John Paul II가 『가정교서』Gratissimam Sane에서 말했듯 교회를 통해 가족은 더 넓은 '공적' 공간, 가장 넓게 상상할 수 있는 공간으로 개방된다. 가족은 '인격의 친교'를 '사랑의 문명'의 창조로 확장하는 것을 과제로 삼는 "사회의 근본적인 세포"다. 요한 바오로 2세는 우리에게 '문

---

* "어느 집에 들어가든지 먼저 '이 댁에 평화를 빕니다!' 하고 인사하여라. 그 집에 평화를 바라는 사람이 살고 있으면 너희가 비는 평화가 그 사람에게 머무를 것이고 그렇지 못하면 너희에게 되돌아올 것이다. 주인이 주는 음식을 먹고 마시면서 그 집에 머물러 있어라. 일꾼이 품삯을 받는 것은 당연한 일이다. 이 집 저 집으로 옮겨 다니지 마라. 어떤 동네에 들어가든지 너희를 환영하거든 주는 음식을 먹고 그 동네 병자들을 고쳐주며 하느님 나라가 그들에게 다가왔다고 전하여라. 그러나 어떤 동네에 들어갔을 때 사람들이 너희를 환영하지 않거든 길거리에 나가서 '당신네 동네에서 묻은 발의 먼지를 당신들한테 털어놓고 갑니다. 그러나 하느님 나라가 다가왔다는 것만은 알아두시오' 하고 일러주어라." (루가 10:5~11)

** "예수께서 집에 돌아오시자 군중이 다시 모여들어서 예수의 일행은 음식을 먹을 겨를도 없었다. 이 소식을 들은 예수의 친척들은 예수를 붙들러 나섰다. 예수가 미쳤다는 소문이 돌고 있었기 때문이다. 예루살렘에서 내려온 율법학자들도 예수가 베엘제불에게 사로잡혔다느니 또는 마귀 두목의 힘을 빌려 마귀를 쫓아낸다느니 하고 떠들었다. 그래서 예수께서는 그들을 불러다 놓고 비유로 말씀하셨다. '사탄이 어떻게 사탄을 쫓아낼 수 있겠느냐? 한 나라가 갈라져 서로 싸우면 그 나라는 제대로 설 수 없다. 또 한 가정이 갈라져 서로 싸우면 그 가정도 버티어 나갈 수 없다.'"(마르 3:20~35)

명'civilization이라는 단어가 '시비스'civis, 혹은 시민에서 유래했지만, 이 의미가 통상적으로 해석되는 방식으로 시민적civic이거나 정치적인 것political으로 국한되어서는 안 된다는 것을 상기시킨다. 문명의 근원적인 의미는 순전히 정치적인 것이 아니라 인류 문화와 관련이 있다.[73][*]

교회는 폴리스polis나 오이코스oikos가 아닌 현실reality로 나타난다. 에페소인들에게 보낸 편지에서 바울은 공적인 용어와 사적인 용어를 동시에 사용한다.

> 여러분은 … 성도들과 같은 한 시민sympolitai이며 하느님의 한 가족oikeioi입니다.[74] (에페 2:19)

초기 그리스도교인들은 그리스 도시 국가에서 에클레시아 ekklesia, '집회'assembly라는 용어를 빌려왔는데, 당시 에클레시아는

---

[73] Pope John Paul II, 'Letter to Families', 13. 『가정에 보내는 교황 요한 바오로 2세 성하의 교서』(한국천주교중앙협의회)

[74] Reinhard Hütter, 'The Church as "Public": Dogma, Practice, and the Holy Spirit', *Pro Ecclesia* 3, no. 3 (Summer 1994), 334~361을 보라.

[*] 국제연합은 1994년을 세계 가정의 해로 선포했는데, 가톨릭교회는 "국제연합의 국제적인 활동을 자기 자신의 일로 삼아서" 1994년 2월 2일 교황 요한 바오로 2세가 서명한 가정교서Gratissimam Sane를 발표한다. 가정교서에 따르면, 본문에 제시된 "사랑의 문화"civilization of love는 원래 1975년 성년 폐막 강론에서 교황 바오로 6세Paul VI를 통해 가톨릭교회의 가르침에 도입되었다. 가정교서는 "인간의 정신적 도덕적 요구에 부응하는" 문명을 창조 명령 즉 "자기 자신을 닮은 모습으로 세상을 가꾸라는 과업"과 연결시킨다.

도시에 시민권을 가진 사람들의 집회를 의미했다. 길드나 결사체(이를테면 코이논koinon, 콜레기움collegium)라는 용어를 거부하고 저 용어를 씀으로써 교회의 구성원들은 자신들이 특정 이해관계를 중심으로 모인 것이 아니라 모든 것에 관심을 기울인다고 주장한 것이다.* 교회는 전체에 관한, 전체에 관심하는 집회였다. 이때 '전체'whole는 도시 국가나 제국이 아닌 하느님의 백성을 가리킨다. 게르하르트 로핑크Gerhard Lohfink가 지적했듯 에클레시아라는 말의 궁극적 원천은 그리스 도시 국가가 아니라 시나이 산에서 이루어진 이스라엘 백성의 집회다. 신명기에서 이스라엘의 기초가 되는 집회는 "집회(총회)가 열리는 날"이라는 공식 문구를 따라 이루어진다.[75,**] 에클레시아라는 용어를 사용하면서 교회는 자신을 이스라엘의 종말론적 모임으로 이해했다. 이 모임에서는 규정상 폴리스의 시민에서 배제되고, 오이코스에 해당하는 이들인 여성, 어린아이, 노예 모두가 세례를 통해서 완전한 회원 자격을 얻는다.

이스라엘의 모임은 토라에 의해 조직되고 하느님만을 경배하는 것을 지향하는 세부 실천들을 통해 현실화된다. 이 세부 실

---

[75] Gerhard Lohfink, *Does God Need the Church?: Toward a Theology of the People of God* (Collegeville, MN: Liturgical Press, 1999), 218~220.

* 교회가 특수한 이해관계와 대비되는 전체 공적인 관심사를 표현하기 위해 코이논이나 콜레기움이 아닌 에클레시아 용어를 사용했다는 이야기는 볼프강 슈라게Wolfgang Schrage를 따른 것으로 보인다(TDNT 7:798~852, 829 참조).

** 신명기 10:4과 신명기 18:16을 참조하라.

천들은 삶의 모든 측면을 포괄한다는 점에서 '공적'이다. 한 사람이 자신의 재산, 몸, 이웃, 심지어 배설물과 관련해서도 일정한 규율을 따른다는 것은 이 모든 것이 하느님을 향한 경배의 영역 안에 있음을 시사한다. 율법은 이 모든 실천이 한 데 모여 하느님의 백성이라는 독특한 몸을 형성한다는 점을 분명히 한다. 여기서 '규율'이라는 용어는 몸의 수행을 가리킨다. 성 빅토르의 휴고Hugh of St Victor는 말했다.

> 규율은 몸에 일정한 업무를 부과함으로써 덕을 형성한다. 몸과 영혼은 하나다.

흐트러진 몸은 혼란스러운 영혼의 내면intus을 바깥foris으로 무심코 드러낸다. 역으로 옷 입는 방식in habitu, 자세와 동작in gestu, 발언in locutione, 그리고 식탁 예절in mensa과 같은 규율은 몸을 거쳐 영혼에 작용할 수 있다.[76] 외부 행동과 내면의 종교적 경건 사이에는 괴리가 없다. 종교에 대한 근대적 구성은 종교를 내면화해 종교가 몸을 갖고 행하는 정치, 경제적 실천에 동기를 부여하는 힘으로만 기능하도록 한다. 그리하여 근대적 교회는 종교의 자유를 획득하나 신자의 몸과 영혼은 분리되고, 그리스도의 몸은 국가에 넘어간다.

---

[76] J. C. Schmitt, 'Le geste, la cathédrale et le roi', Talal Asad, *Genealogies of Religion*, 138에서 재인용.

종교를 미덕으로 여기는 토마스주의 사상의 회복은 국가 규율에 교회가 저항할 때 결정적이다. 미덕은 하느님께 봉사하는 그리스도인을 형성하는 실천 가운데 몸과 영혼의 전인격을 연결한다. 게다가 미덕은 교회 공동체의 '공적' 실천 안에서 공통으로 획득되는데, 이를 통해 교회 공동체는 그리스도의 몸으로서 악덕과 미덕, 평화와 폭력을 식별하는 자신의 능력을 입증한다. 그러므로 그리스도인의 '정치 윤리'는 교회의 꾸준한 실천 가운데 종교와 평화로움과 같은 미덕이 어떻게 생성되고 재생산되는지 혹은 변형되는지에 대한 성찰과 분리되지 않는다. 공적인 그리스도교는 권력자들에게 영향력을 미치는 것을 추구해서는 안 된다. 오히려 권력에 맞서 진실을 말하는 평화의 사람들을 배출해야 하며, 이를 위해 교회에 어떠한 공동체적 규율이 필요한지를 물어야 한다.

덕목들은 덕스러운 모범에 바탕을 둔 규율로 획득된다. 그러한 면에서 그리스도교 규율을 가장 정확하게 표현하는 말은 제자도discipleship일 것이다.* 국가의 규율이 리바이어던의 제자들을 창출한다면 교회의 규율은 평화의 왕인 예수 그리스도의 제자들을 빚어낸다. 그러므로 교회의 규율은 군사적 승리보다는 순교자의 순교와 더 닮을 것이다. 오스카 로메로Oscar Romero는 순교하기 전날 자신의 권위를 이용해 엘살바도르 군인들에게 사살 명

령에 불복하라고 명령했다.[77] 그는 그리스도교 제자도라는 규율이 군대의 규율과 근본적으로 긴장 관계에 있음을 이해하고 있었다. 로메로는 말했다.

이 점을 분명히 합시다. 탄압과 공포에 근거한 사이비 평화, 거짓 질서와 협력하라는 요청을 받을 때 우리는 하느님께서 원하시는 유일한 질서와 유일한 평화가 진리와 정의에 바탕을 두고 있다는 점을 기억해야만 합니다. 이러한 대안에 앞서 우리의 선택은 분명합니다. 우리는 인간이 아닌 하느님의 명령을 따를 것입니다.[78]

여기서 제시하는 것은 무언가를 강요하는 규율이 아니라 그리스도의 평화 속에서 우리를 결속시키는, 그리스도교 교회의

---

[77] Archbishop Oscar Romero, 'The Church: Defender of Human Dignity' in *A Martyrs Message of Hope* (Kansas City: Celebration Books, 1981), 161. 1980년 3월 23일 그가 한 설교 중 일부는 다음과 같다. "특히 군인들, 특히 국가방위대와 경찰, 수비대에 간청하고 싶습니다. 형제자매들이여, 여러분은 우리 자신의 백성입니다. 여러분이 여러분의 동료 농민들을 살해하고 있습니다. 누구든 사람이 내리는 살인 명령은 승리해서는 안 됩니다. 오히려 승리해야 할 것은 '살인하지 말라'는 하느님의 법입니다. 그 어떤 병사에게도 하느님의 법을 어기는 명령을 따를 의무는 없습니다. 누구도 부도덕한 법을 따라서는 안 됩니다. … 하느님의 이름으로 그리고 이 고통 받는 사람들의 이름으로, 이들의 울부짖는 소리가 더 큰 소란 속에서 매일 하늘로 솟아오르고 있을 때 저는 애원합니다. 간청합니다. 명령합니다. 하느님의 이름으로 탄압을 멈추십시오!"

[78] Archbishop Oscar Romero, homily, July I, 1979, *The Church is all of you: Thoughts of Archbishop Oscar Romero* (Minneapolis: Winston Press, 1984), 88에서 인용.

모든 실천에서 발견되는 해독제다. 홉스가 교회를 길들이기 위해 행한 두 가지 결정적인 조치는 개인들이 서로를 향하는 것이 아닌 주권자에게 충실하도록 만들고 교회의 국제적인 성격을 부정하는 것이었음을 상기하라. 이와 대조적으로 몇몇 라틴 아메리카 교회들이 보여주었듯 제도화된 폭력에 저항하는 그리스도교적 방식은 교회로서 서로에게 충실하고, 세상에 증언하는 규율된 몸으로 행동하는 것이다. 로메로는 말했다.

> 이 나라의 해방에 기여할 수 있는 것은 무엇이 되었든지 교회가 진정으로 교회가 될 때 비로소 그 고유성을 지닌 채 효과를 낼 수 있음을 교회는 잘 알고 있습니다.[79]

라틴 아메리카 교회의 기초 공동체는 교회로서 함께 모여 평화와 정의로 규율된 공동체가 된다. 가난한 이들이 굶주리고 있을 때 환상을 품고 국가가 영향력을 행사하기를 기다리지 않으면서 말이다.[80] 세계를 먹여 살리는 성찬을 실천함으로써 성찬에 참여하는 이들은 국민 국가의 한계를 초월하는 하나의 몸이 된

---

[79] Archbishop Oscar Romero, 'The Church's Mission amid the National Crisis' in *Voice of the Voiceless* (Maryknoll, NY: Orbis Books, 1985), 128.

[80] 대안적인 교회적 정치로서 기초 공동체에 대한 자세한 논의는 다음을 보라. William T. Cavanaugh, 'The Ecclesiologies of Medellin and the Lessons of the Base Communities', *Cross Currents* vol. 44, no. 1 (Spring 1994), 74~81.

다. 엘살바도르, 파나마, 이라크에 있는 형제, 자매들을 통해 활동하시는 그리스도를 알아보기 위해서는 국가에 대한 우상 숭배를 깨뜨리고 이 세상에 그리스도의 몸을 드러내야 한다. 이러한 맥락에서 오늘날 교회에 열려 있는 유일한 선택지는 사적인, 혹은 종교로 유폐된 현실을 철회하게 하거나 아니면 국가가 관리하는 공적 논의를 수용하는 것뿐이라고 생각해서는 절대로 안된다. 그리스도의 몸으로서 교회는 공사를 분리하는 경계와 국민 국가의 국경 모두를 넘어서, 전쟁 혹은 전쟁의 풍문에 좌지우지되지 않는, 전혀 다른 차원의 정치적 실천을 위한 공간을 빚어낸다.

전례, 신조, 성서에 바탕을 둔 규범, 환대, 매고 푸는 권한,* 교회의 권위에 입각한 실천들은 모두 교회를 독특한 공적 단체(몸)로 세운다.[81] 아우구스티누스는 로마 제국이 공적인 것처럼 교회도 공적이라고 말하는 것을 넘어서, 제국의 실천들은 하느님에 대한 예배를 지향하지 않기 때문에 제국은 전혀 공적이지 않다고 주장했다. 그에 따르면 진정한 레스 푸블리카(공적인 것)

---

[81]   Reinhard Hütter, 'The Church as "Public": Dogma, Practice, and the Holy Spirit', *Pro Ecclesia* 3, no. 3 (Summer 1994), 334~361.

*   매고 푸는 권한은 마태오 복음서 16장에서 베드로의 신앙고백 이후 예수께서 "네가 무엇이든지 땅에서 매면 하늘에서도 매일 것이고, 네가 무엇이든지 땅에서 풀면 하늘에서도 풀릴 것이다(마태 16:16~18)"라고 말한 대목에서 유래한다. 프로테스탄트 교파들과 달리 가톨릭교회에서는 베드로와 결합된 주교단이 매고 푸는 권한을 받았다고 본다. 따라서 가톨릭교회에서는 주교단의 단장인 교황을 중심으로 책임을 묻고 해제하는 권한, 용서의 권한 등을 관장한다.

는 정의에 바탕을 두고 있으며 이는 성찬 가운데 하느님께 합당한 영예를 드리는 것을 반드시 포함해야 한다. 하느님께서 사랑받게 될 때만이 서로에 대한 사랑과 옳음에 대한 상호 인식이 생겨나기 때문이다. 따라서 참된 공적인 것을 구성하는 것은 성찬이다. 성찬은 하느님께 참된 희생제물을 봉헌하고 교회를 그리스도의 몸으로 만든다.[82]

지금까지 교회가 '공적'이라는 말이 무슨 뜻인지를 이야기했다면 이제는 교회가 '공간'이라는 말은 무엇을 뜻하는지를 좀 더 상세하게 살펴볼 차례다. 여기서 한 가지 선택지는 국민 국가에 대한 2차원 함수를 그리고 여기서 만들어진 격자에 교회의 경계를 설정하는 것이다. 이 경계는 국민 국가의 경계와 거의 동일하게 그려질 수도 있고(신정정치), 아니면 지리적으로 고립된 섬처럼 국민 국가 내부에 있을 수도 있으며 아예 여기에 참여하지 않을 수도 있다(아미쉬 공동체). 또한 '시민 사회' 내부에 있는 공간일 수도 있는데 이 경우 교회는 국경 내부에 있으나 국가장치 밖에 있다(머레이). 이 모델들의 공통점은 시간이라는 차원이 제거된, 추상화된 장소의 형식적 도표인 지도라는 점이다.[83] 교회를 이러한 격자에 두는 것은 지극히 근대적인 현상이다. 중세 신학에서 현세는 그리스도의 초림과 재림 사이의 시간을 뜻했는데 그동안

---

[82] St Augustine of Hippo, *The City of God*, XIX, §21~23, X §6.

[83] Michel de Certeau, *The Practice of Everyday Life* (Berkeley: University of California Press, 1984), 35.

세속 권위의 강제력은 교회의 지도 아래 '일시적'으로 필요한 것으로 간주되었다. 근대에 이르러 현세가 시간이 아닌, 일반적으로 교회가 점거한 영적 영역 바깥에 있는 공간, 영역 혹은 장이 되었다는 사실을 탄식한다고 해서 반드시 중세 그리스도교 세계의 콘스탄티누스적 배치를 지지해야만 하는 것은 아니다.

예수회 사회이론가 미셸 드 세르토Michel de Certeau는 훨씬 더 풍부한 공간 개념을 제시한다. 그는 지도의 '장소'liu를 '공간'espace 과 대조한다. 장소는 모든 요소가 합당한 위치에 배치되는 정적 질서를 가리킨다. 이 안에서는 어떤 두 개의 사물도 같은 위치를 차지하지 않으며 일정한 거리를 두고 옆에 배치된다. 지도는 관측을 바탕으로 만들어진 추상적인 2차원 격자를 통해 장소를 생성하고 특정 지역을 감시하고 통제할 수 있게 한다. 15세기 지도로 대체되기 전에 사람들은 여행 안내서를 썼다. 이 안내서는 특정 지점에서 해야 할 행동들(어떤 곳에서 하룻밤을 묵어야 하고 어떤 곳에서 기도를 드려야 하는지 등)로 여정이나 순례를 묘사했다. 그러한 여행 안내서들은 장소가 아닌 공간을 그린다. 공간은 움직임과 행동이 합주를 하며 또 다른 공간이 생성될 수 있도록 시간의 양과 방향을 고려한다. 즉 공간은 장소에서 다른 목적을 위해 다른 방식으로 사물을 활용하며 업무를 수행하는 사람들이 만드는 것이다. 세르토에 따르면 "공간과 장소 사이에서 변화하는 관계

들의 놀이를 체계화하는" 이야기들이 있다.[84] 이를테면 역사책
(명백한 운명Manifest Destiny)과 저녁 뉴스에 나오는 이야기는 참전과
같은 특정 행동을 동원하는 국가 영토에 대한 신념을 권유한다.*
반면에 아메리카 원주민들이 들려주는 이야기들은 완전히 다른
방식으로 공간을 굴절시키고 다른 행동을 끌어낼 수 있다. 신학
적 관점에서 세르토의 작업은 아우구스티누스의 두 도성 개념에
대한 일종의 해설로 볼 수 있다. 두 도성은 영토라는 격자에서
서로 옆에 존재하는 것이 아니라 종말(목적)에 대한 다른 이야기
를 들려줌으로써, 다른 방식으로 물질을 사용하고 실천함으로써

---

[84] 미셸 드 세르토는 (그리스도교 표현으로는 '순례'pilgrimage로 대체될 수 있는) '궤
적'trajectory이 지도화로 대체될 때 발생하게 되는 상황을 설명한다. '궤
적'이라는 범주는 공간을 통과하는 시간의 움직임을 설명하기 위해 도
입된 것이다. 궤적은 그것이 지나치는 지점을 통과해서 통시적通時的으
로 연쇄적인 지점들의 통일체다. 그러므로 궤적은 자신이 지나치는 지
점들을 공시적共時的인 것으로 혹은 무시간적無時間的인 것으로 추정된
공간을 형성하는 도표figure가 아니다. 도표로 그려진 '표상'은 충분하지
않다. 궤적이 그려지고 난 다음에 시간과 움직임이 선으로 축소되기 때
문이다. 도표로 나타난 것은 전체적으로 포착해서 단번에 읽을 수 있게
된다. 이는 누군가가 도시를 통과하면서 걸어간 경로를 지도에 투영시
킨 것과 같은 것이다. 이렇게 '편평하게 펴는' 작업이 아무리 유용하더
라도, 그것은 장소에 대한 시간의temporal 조음調音에서 장소에 대한 공
간의spatial 장면으로 변화시킨다. Michel de Certeau, *The Practice of Everyday
Life*, 34~42, 115~130.

* 명백한 운명은 미국 팽창주의를 가리키는 말로 이 말의 유래는 미국 식
민시대까지 거슬러 올라가기도 하지만 실제 표현은 1845년 뉴욕의 저
널리스트 존 오설리번John O'Sullivan이 처음으로 소개했다. 그는 텍사스
병합을 다룬 논평에서 미국의 운명을 하느님의 섭리로 이해하고 서부
로 팽창해서 영토를 확대하는 것을 정당화했다. 그에게 미국은 전 인류
에 하느님의 원칙들을 분명하게 보여주는 당사자였다. 명백한 운명은
19세기 이후 제국주의 논리를 대표하면서 여러 역사책에 실리게 된다.

형성된다.

성찬은 세르토가 '공간 이야기'spatial story라고 부른 것으로 이해될 수 있는데, 성찬은 물질과 장소에 대한 활동이다. 하느님께서 이 활동을 주관하시고 인간은 이에 협력한다. 성찬은 다른 종류의 공간을 빚어낸다. 전례는 몸짓과 공식적으로 분리된 채 '의미'가 무엇인지를 살피기 위해 '독해'해야 할 상징이 아니다. 그러한 의미는 개인에 의해 내면화되고 교회 바깥 다른 공간에서 '태도'나 '가치'로 밀반입된 것이다. 함께 먹고 마시는 것이 가족의 상징이 아니라 실제로 가족을 구성하는 데 도움을 주듯 그리스도의 몸과 피를 먹고 마시는 활동은 함께 하는 이들을 사회적 차원이 있는 몸으로 변화시킨다. 이러한 이유로 그리스도교 공동체의 규율에는 초창기부터 파문이 있었다. 누가 식탁에 참여하고 누가 참여해서는 안 되는지가 식탁 주위에 모인 공동체라는 공간의 한계를 규정하기 때문이다.

데이비드 쉰들러David Schindler는 가정에서 나누는 식사가 어떻게 다른 공간을 빚어내는 실천이 되는지를 설명한 바 있다. 그에 따르면 가정식 요리는 그 자체로 물질들을 변형시키고 공간과 시간을 재구성하는 (다른 성격을 지닌) 경제이다. 그는 이를 바탕으로 이러한 식사가 왜 그저 낯설면서도 사적인 실천에 머무르지 않는지, 그리스도인은 어떠한 측면에서 이 공간을 더 넓은 영역으로 확장하기 위해 부름을 받았는지를 설명한다. 교회의 책무는 가족 안에 존재하고 삼위일체적 삶을 반영하는 '인격의 공동체'를 온 세계로 확장함으로써 세계를 "가정처럼 되게" 한다. 그렇게 교회는 현대의 조건인 무주택과 무질서를 치유한다. 교회는 이를 물질과 운동, 공간과 시간에 대한 행동을 해나감으로써 이룬다.[85]

그러므로 교회가 공적 공간이라고 말하는 것은 그리스도인들이 공간을 구성하는 방식을 변화시키는 이야기를 한다는 것을 뜻한다. 성찬에서 그리스도의 몸이 형성된다는 이야기는 실로 탁월한 '공간 이야기'다. 공적 역량 달성과 관련된 이들, 이를테면 그리스도교인 학생들이 타자를 자기 이익이라는 렌즈가 아니라 그리스도의 신비로운 몸의 동료 지체로 보도록 훈련을 받는다고 상상해 보라. 미등록 노동자들의 곤경을 해결하기 위해 무언가 조치를 할 때 '시민권'으로 규정된 국토의 경계를 강화하는 것이 아니라 국경을 초월해 그리스도인이든 아니든 모두가 나눌 수 있는 그리스도의 몸을 세우는 것이라고 생각해보라. 이러한 접근법은 단일한 '공적 광장'이라는 그림에서 벗어나면서도 온전히 공적인, 다수의 자유 공간을 발전시키는 움직임에 관심을 보인다는 점에서 보이트와 의견을 같이한다. 이러한 접근법은 온전히 공적으로 통용되는 가장 기본적인 그리스도교의 확신을 드러낸다. 교회의 국제적인 성격은 시민권이 정지된 이들에게 국민 국가의 분파적 협소함을 환기시킨다.

---

[85] David L. Schindler, 'Homelessness and the Modern Condition: The Family, Evangelization, and the Global Economy', *Logos* 3, no. 4 (Fall 2000), 34~56.

교회를 '자유 공간'으로 진지하게 여기는 것은 그리스도인들이 다른 곳에서 공적인 것을 찾도록 독려하는 것 이상을 뜻한다. 보이트의 작업은 국가가 자신이 감독하는 공적 포럼에만 초점을 맞추게 함으로써 우리의 상상력이 제한되어왔음을 상기시킨다. 이를테면 그리스도인들은 상품을 만들고 사용할 때 이를 '경제 정책'이라는 관점에서 생각하도록 훈련받아 왔다. 이 관점은 국가가 돈, 세금, 관세 등의 흐름을 어떻게 관리해야 하는지를 두고 은행, 연방준비제도 이사회, 기업, 노동조합, 의회 및 기타 당사자들 사이에 어떠한 이야기를 나누어야 할지에만 관심을 기울이게 한다. 이러한 관심으로 짜인 틀 안에서 유일하게 책임 있는 반응은 로비로 보인다. 물론 특정 상황에서 로비를 하거나 혹은 '증언'을 하는 것은 도움이 될 수 있다. 하지만 교회 바깥에 있는 이들과 대화하는 가장 유익한 방법은 구체적 실천을 통해서 대화하는 것이다. 구체적인 실천을 이해시키기 위해서 상대방의 입장을 추정해 '중립적인' 언어로 번역할 필요는 없다. 의미 있는 반응은 상품에 대한 대안적 이야기를 전하고 대안적 형태의 경제가 가능하게 되는 공간을 만드는 것이다. 공동체지원농업 농장과 관계를 맺은 지역 교회들은 그 좋은 예다. 공동체지원농업에서는 성장기 초에 농장 생산물에 대한 주식을 매수함으로써 공동체를 형성하며 농업에 수반되는 대가를 함께 나눈다. 공동체는 농장 일을 돕기 위해 초대되며, 농산물이라는 혜택을 받는다. 이렇게 의미 있고 물질적인 방식으로 세계화에 대한 새로운 상상이 일어나고, 대안적인 경제 공간으로 대체된다. 대안적인 경제 공간은 인격적인 관계, 지역 공동체의 책임, 농부들을 위한 생계 수입, 그리고 우리의 음식이 나오는 땅에 대한 직접적인 청지기의식에 우선순위를 둔다.

앞서 논의했던 시민 사회 모델들에 내포된 아이러니는 사회 정의를 행하고 신학을 공적으로 만들려는 시도가 오히려 실제로는 교회를 부적절한 위치에 놓이게 했다는 점이다. 공공 신학은 충분히 공적이지 않다. 우리가 상실한 것은 시간 안에서 하느님의 도성들, 참으로 자유로운 대안 공간을 창출함으로써 국가와 개인의 음울한 관계 방식에 근본적으로 도전할 수 있는 진지한 가능성이다.

제3장

세계화가 보편적이라는 신화

세계화로 알려진 현상은 그리스도교 사회 사상가들에게 많은 혼란을 불러일으키고 있다. 교회와 정치에 관해 글을 쓰는 많은 이는 여전히 국가에서 갈등이 해결되는 상상의 공간인 '공적 영역'에 교회가 진입해야 하는지, 진입한다면 어떠한 방식으로 해야 하는지 하는 문제에만 골몰하고 있다. 마치 아무 일도 일어나지 않은 것처럼 말이다. 세계화는 이른바 '경제 윤리'economic ethics를 다루는 이들에게 남겨졌는데 이들은 엘살바도르 직물 노동자들에게 시간당 0.33달러를 지급하는 초국가 기업을 비난하거나,* 아니면 마이클 노박Michael Novak처럼 "현재 소외되어 있는 사

---

* 1991년 8월 「보빈」Bobbin이라는 무역 잡지에 나온 광고는 라틴아메리카에 영향을 미친 의류 산업의 세계화 현상을 보여주었다. 광고는 "엘살바

람들을 생산적인 수완을 갖춘 수익 그룹에 참여할 수 있게 하는"
자본주의의 보편성을 환영한다.[1][*] 국민 국가를 비판해 온 이들도
혼란스러워하기는 마찬가지다. 누군가는 세계 경제가 국경을 점
점 부적절한 것으로 만들고 있으므로 우리는 이를 기뻐해야 하
며 적어도 또 다른 일을 하게 될 수 있으리라고 낙관한다. 아프
리카인과 뉴욕 시민이 인터넷을 통해 대화를 나누고 세계는 마

도르는 품질, 근면, 신뢰를 제공한다"는 제목과 함께 재봉틀을 가지고
일하는 젊은 여성을 보여준 뒤 다음과 같은 문구를 제시했다. "엘살바
도르에서 일하는 로사 마르티네즈Rosa Martinez는 미국 시장으로 가는 의
류를 생산하기 위해 재봉틀로 일하고 있습니다. 시간당 0.33달러면 당
신은 그녀를 고용할 수 있습니다. 로사의 장점은 화려한 외모뿐만이 아
닙니다. 그녀와 그녀의 동료들은 근면, 성실, 빠른 작업 속도로 유명합
니다. 이들은 엘살바도르에서 가장 저렴하면서도 좋은 물건들을 만들어
냅니다." 광고 문구에 나온 "시간당 0.33달러"는 이후 저임금과 여성 노
동; 경제 세계화를 다룬 다양한 문헌에서 인용했다.

[1] Michael Novak, *The Catholic Ethics and the Spirit of Capitalism* (New York: Free
    Press, 1993), 153. 『가톨릭 윤리와 자본주의 정신』 (한국경제신문사)

[*] 노박은 『노동헌장(새로운 사태)』Rerum Novarum(1891) 반포 100주년을 기념
    해 발표된 회칙 「100주년」Centesimus Annus에 대한 "민주적 자본주의 해
    석"을 시도한다. 그에 따르면 "요한 바오로 2세는 더 이상 사회주의 같
    은 의존성을 조장하는 복지"를 제안하지 않고 "시장과 사유 재산, 이윤,
    그리고 무엇보다도 개인의 경제적 창의력을 지원하는 제도들"이 공공
    선에 기여한다고 말한다. 그리하여 현재 소외된 이들을 생산성 있는 수
    익 그룹에 참여시키고 이를 확장하는 등 국제 자유 무역 체계와 기술이
    전, 기능교육과 투자에 적극적일 필요가 있다는 것이다. 「100주년」 회
    칙에 대한 노박의 해석을 반박하는 논의로는 다음을 참조하라. Todd
    David Whitmore, 'John Paul II, Michael Novak, and the Differences Between
    Them', *The Annual of the Society of Christian Ethics* Vol. 21 (2001), 215~232. 여
    기서 휘트모어Todd David Whitmore는 경제적 권리, 빈부격차 비판과 사적
    재산권의 축적에 대한 제한, 소비주의 비판과 관련해 요한 바오로 2세
    와 노박의 차이를 드러낸다. 그에 따르면 노박은 "교황까지 포함해 우리
    는 모두 자본주의자다"라고 설파하지만, 교황은 특정한 체계를 이데올
    로기적으로 공인하지 않았다.

우스 클릭 한 번만 하면 그 크기를 알게 될 수 있을 정도로 작아
진 것처럼 보인다. 본래적인 의미에서의 보편, 하나로서의 전체
Catholica는 꿈꾸지도 못했던 보편성catholicity이 이제 시작되고 있
다. 아우구스티누스가 비판한 도나투스파 사람들과 같이 '늪지
대에 개구리처럼 앉아 "우리만이 가톨릭이다"라고 울어대야 하
는가?[2]* 훨씬 더 넓은 보편성이 이제 우리에게 도래한 마당에 말
이다.[3] 하지만 그것은 참된 보편인가? 이들과는 달리 매킨타이어
와 리오타르Lyotard는 후기 자본주의의 상황을 특징짓기 위해서
파편화라는 이미지를 환기시킨다. 참된 보편성catholicity의 가능성
은 글로벌 자본의 승리로 인해 사라져버린 것일까?

세계화를 둘러싸고 그리스도교 사상가들이 보이는 혼란스러
움은 상당 부분 공간과 시간에 관한 참된 보편적 실천의 원천인

---

[2] Peter Brown, *Augustine of Hippo* (Berkeley: University of California Press, 1967), 221.

[3] 로버트 H. 넬슨Robert H. Nelson은 세계자본주의가 그리스도교를 훨씬 더
보편구원의 효과적인 수단으로 대체했다고 주장한다. 그가 자본주의
를 신학으로 설명한 것과 관련해서는 다음을 보라. Robert H. Nelson,
Reaching for Heaven on Earth: The Theological Meaning of Economics (Savage, MD:
Rowman and Littlefield, 1991)

* 본문에서 차용한 아우구스티누스의 도나투스파 비판은 시편 95편 11절
강론에 나온 것이다. 여기서 아우구스티누스는 말한다. "하늘의 구름
에서 천둥소리 울리며 온 세상에 하느님의 집이 세워지고 있음을 알립
니다. 그런데 개울에서 개구리 몇 마리가 '우리만 그리스도인이다!' 하
고 소리 지르고 있습니다." 당시 도나투스파는 "거룩하고 순수한" 교회
라는 이상을 내세우며 배교자들이 베푸는 성사를 부정한 것으로 간주했
다. 아우구스티누스는 도나투스파 입장을 반대하면서 개인의 성덕과 무
관하게 성사의 은총은 "수행된 행위에 의해서(사효론, ex opere operato)" 주
어진다고 보았다. 아울러 그는 도나투스파의 분파주의적 특성을 비판하
며 그들은 보편적catholic이지 않으므로 참된 교회가 아니라고 주장했다.

성찬을 무시한 데서 비롯되었다고 나는 생각한다. 세계화는 공간과 시간의 규율을 특정한 방식으로 배치한다. 이러한 지정학에 맞서 여기서는 다른 지정학, 즉 성찬의 지정학 및 보편성의 생산을 제시하고자 한다. 이 장 전반부에서는 세계화가 단지 파편화라는 특징만을 지니고 있지는 않으며 전형적으로 특정 지역을 이탈시키면서 공간에 대한 보편적인 지도를 제작하고 있음을 드러낼 것이다. 물론 이는 두 가지 측면에서 참된 보편성이 아니다. 우선 특수한 것에서 이렇게 이탈하는 것은 실제로 부유한 자와 가난한 자 사이의 분할을 재생산하는 규율로 사용된다는 점이다. 또한 세계화는 공간과 시간에 관한 보편적 상상을 발휘하는 것을 불가능하게 만들어 파편화된 신민들을 낳는다. 세계주의Globalism는 거대 서사지만, 아이러니하게도 이 거대 서사를 소비하는 것은 참으로 보편적인 이야기를 말하는 것이 불가능하게 된 파편화된 주체들을 생산한다. 이 장 후반부에서는 성찬이 단순히 지역을 따로 떼어 놓는 보편성이 아니라, 그리스도의 몸을 각 지역에서 체현하는 가운데 하나로서의 전체Catholica를 담아내는 보편성을 보여주고자 한다. 그리스도의 몸은 오직 지역 성찬 공동체에서 수행되지만 그리스도의 몸 안에서 공간과 시간의 분할은 붕괴된다. 그리스도의 몸이라는 복합공간에서 지역에 대한 애착은 세계화를 맞닥뜨린 상황에서 공동 사회Gemeinschaft를 희구하는 파시스트적 향수가 아니다.* 성찬에서 먹고 마시는 것 consumption은 세계를 넘어 모든 시간과 장소를 포용하는 하느님의 도성을 향한 순례라는 이야기로 우리를 사로잡는다.

I. 보편적인 것의 지배

1992년 로스 페로Ross Perot는 "수조에서 물이 빠져나가는 거대한 소리"**가 들린다고 말했다. 북미자유무역협정NAFTA의 결과로 '미국의' 일자리가 멕시코로 빠져나간다는 이야기였다.[4] NAFTA를 반대하는 페로와 패트릭 뷰케넌Patrick Buchanan과 같은

---

[4] 1993년 클린턴Bill Clinton 대통령이 법률로 체결한 북미자유무역협정 NAFTA은 미국, 멕시코, 캐나다 사이의 모든 무역장벽을 철폐했다.

* 독일의 사회학자 페르디난트 퇴니스Ferdinand Tönnies의 저작 『공동사회와 이익사회』Gemeinschft und Gesellshaft을 통해 공동 사회Gemeinschaft라는 용어를 대중적으로 널리 알려지게 했다. 그는 사회결합의 두 가지 형태를 분류하는데, 가족, 친족, 교회, 민족, 마을과 같이 혈연과 애정, 공동의 신념과 같은 특징을 지닌 공동체, 공동 사회Gemeinschaft와 회사, 조합, 정당, 국가와 같이 계약과 절차, 이해관계로 얽혀 있는 이익 사회Gesellschaft가 그것이다. 저자가 공동 사회gemeinschaft를 희구하는 것을 파시스트적 향수와 연결한 것은 나치의 정치 의제agenda로 활용한 민족 공동체(민족의 공동 사회)Volksgemeinschaft를 한편에 염두에 둔 것으로 보인다. 민족 공동체라는 개념 자체가 "본래 가톨릭적이고 낭만적인 신분제 국가 이론에서 나온 것"이었다는 점을 고려해 볼 때 저자는 세계화를 반대하는 논의가 히틀러의 민족의 공동사회 망령을 되살리는 것이 아님을 주지시킨 것으로 보인다. 하겐 슐체, 『새로 쓴 독일역사』(知와 사랑, 2000), 246 참고.

** '물이 빠져나가는 거대한 소리'giant sucking sound는 1992년 미국 대선에 출마했던 로스 페로가 선거 기간 동안 보호무역을 내세우면서 사용한 유명한 구호다. 그는 기업이 일자리 해외이전을 반대했다. 보수 논객이었던 패트릭 뷰케넌 역시 북미자유무역협정에 반대하면서 미국 기업들이 자국 노동자들을 도외시한 채 인건비가 저렴하고 환경 관련 규제가 없는 지역으로 공장을 이전하는 규제해제법이라고 비판하는 칼럼을 쓰기도 했다.

이들이 견지했던 민족주의적 특수주의에 알레르기가 있는 사람들이 "그가 반대한다면, 나는 찬성한다"If he's against it, I'm for it는 구호를 외치는 것은 자연스러운 일이다. 하지만 여기서는 세계화가 국민 국가의 종식을 알리는 것이 아니라 실제로는 보편적인 것 아래 특수한 것을 포함하려는 국민 국가 프로젝트의 뒤틀린 확장임을 보이려 한다.

근대 국가의 부상은 지역에 대한 보편의 승리로 특징지어진다. 이는 주권 국가가 교회, 귀족, 길드, 씨족, 소도시로부터 권력을 강탈하면서 등장했다.[5] 법과 권리의 보편화는 개인을 변덕스러운 지역 관습에서 해방시켜 주권자와 개인의 직접적인 관계, 즉 '단순한 공간'simple space을 창출했다. 존 밀뱅크는 '단순한 공간'을 중세 사회에서 중첩되는 충성심과 권위체들의 '복합 공간'complex space과 대비한다.[6] 당시에 권리는 개인만 갖고 있는 것이 아니었다. 지역 단체들은 국가 중심부가 부여하지 않은 권리와 자유를 갖고 있었다. 개인들은 서로에게, 그리고 자신들이 속한 결사체에 권리와 의무를 부여했고, 권리와 의무라는 측면에서 결사체들은 중첩되어 있었다. 개인과 지역 결사체는 그 자체로 온전하면서도 동시에 더 큰 전체의 일부를 구성했다. 지금은

---

[5] 로버트 니스벳은 이 과정을 *The Quest for Community* (London: Oxford University Press, 1953), 75~152에서 자세하게 다룬다.

[6] John Milbank, 'On Complex Space' in *The World Made Strange: Theology, Language, Culture* (Oxford: Basil Blackwell, 1997), 268~292.

고전이 된 오토 기르케Otto Gierke의 중세 법 연구는 공간에 대한 복합적 개념이 그리스도의 몸에 대한 바울 신학에 바탕을 두고 있음을 보여준다.[7]

미셸 드 세르토는 '여행 안내서'와 '지도'를 구분함으로써 근대성과 함께 생성된 새로운 공간 구성에 대한 소중한 통찰을 제시했다. 여행 안내서는 공간에 대한 전-근대적 표상을 보여준다. 어디서 기도해야 하는지, 어디서 잠을 자야 하는지와 같은 지침을 주는 순례 여정에 대한 삽화로서, 여행 안내서는 '공간의 이야기'를 독자에게 전한다. 이를 통해 순례자들은 그 공간들을 전체적으로 측량하기보다는 특정 공간에서 특정 공간으로 이동하는 동안 자신의 움직임과 실천을 따라 공간과 시간을 통과하는 이야기를 그리게 된다. 이를테면 15세기 아즈텍의 토토미후아카족 탈출에 대한 묘사는 그들의 여행 일지에 해당하는 것을 보여준다. 그들은 도하渡河, 식사, 전투와 같은 여행에서 잇따르는 사건들을 그림을 그려가며 묘사했다.[8] 이와 대조적으로 근대성은 공간의 지도화mapping를 초래했는데, 그것은 여행 안내서에 담겨 있던 그림들은 지워내고 "추상적인 장소의 형식적 총체"인 격자 위에 공간을 담는 일이었다. 이 지도는 "다양한 기원을 지

---

[7]   Otto Gierke, *Associations and Law: The Classical and Early Christian Stages* (Toronto: University of Toronto Press, 1977), 143~160.

[8]   Michel de Certeau, *The Practice of Everyday Life* (Berkeley: University of California Press, 1984), 120.

닌 요소들이 모여 지리적 지식이라는 '상태'로 풍광을 형성하는 종합 무대"다.⁹ 지도에서 공간은 동질적인 것으로 취급되어 동일한 단위로 분할된다. 지도의 각 항목은 적절한 장소를 차지하면서 서로 나란히 놓여 있고, 두 가지가 같은 공간을 차지할 수는 없다. 지도 사용자의 관점은 공간으로부터 분리되어 전체 공간을 동시에 볼 수 있는 보편적인 것이 된다.¹⁰ 세르토에 따르면 지도화의 유형은 근대 국가가 부상함에 따른 자연스러운 귀결이다. 지도를 만드는 것은 주권적 중심에서 경계가 지워진 영토를 조사하고 각각의 특정 공간 단위의 관계를 모두 균일하게 만드는 능력에 달려있기 때문이다.

근대 국가가 복합적인 사회 공간을 평평하게 만든다는 사실이 곧 국가가 부상함에 따라 지역 집단이 사라졌다는 것을 뜻하지는 않는다. 지역 집단은 국가와 개인 사이의 '중간 결사체들'intermediate associations로 개편되었으며 이러한 제도들은 국가 프로젝트를 중재하는 데 중요한 역할을 했다. 즉 지역은 보편을 중재한다. 시민 사회를 이루는 제도와 기관들은 헤겔이 본 것처럼 교육적이거나 푸코가 후에 말한 것처럼 규율적이다. 정당, 노동조합, 교회, 가족, 교도소, 병원과 학교는 국가 프로젝트 체현과 생산에 기여한다. 근대에 이러한 제도 및 기관들은 중앙 감시탑 주변에 조직화된 감옥 공간인 파놉티콘에 대한 푸코의 유명한

---

⁹   Michel de Certeau, *The Practice of Everyday Life*, 121.

¹⁰   Michel de Certeau, *The Practice of Everyday Life*, 115~130.

이미지, 잘 포착된 공간에 대한 합리적 구획 그리기에 의존한다. 공간은 균일하고 획일적으로 만들어진다. 각 특정 단위는 중심과 직접 관련을 맺는데, 중심은 전체를 보지만 그 중심이 보이지는 않는다. 언제 감독받고 있는지 알지 못한 채 개인은 자기 스스로 규율적이 된다.[11]

세계화 이전의 정치경제에서 지역은 보편 아래 포섭되지만 지역적 결합은 여전히 보편을 매개하는 데 중요한 역할을 한다. 1차 세계 대전에서 1970년대 초까지 지배했던 포드주의 경제 모델은 국가, 기업, 가족, 공동체 및 노동조합의 강한 결합에 의존했다. 경제사학자들은 헨리 포드Henry Ford의 생산과 소비에 대한 두 가지 발상을 참조해 이 시대를 특징짓는다.

1) 대규모 공장에서 조립 라인 생산을 통한 노동의 집중화와 규율

2) 대량 소비에 우선순위를 두고 이와 관련한 노동조합, 가족 및 지역 공동체의 협력(대량 생산은 노동자가 생산한 제품을 구매할 의사가 있고 기꺼이 구매한다는 가정 아래서만 이루어질 수 있다)

국가는 단순히 시민 사회를 극복한 것이 아니다. 국가는 널

---

[11] G. W. F. Hegel, *The Philosophy of Right* (Oxford: Clarendon Press, 1952), § 256~257. Michel Foucault, *Discipline and Punish: The Birth of the Prison* (New York: Vintage Books, 1977), 293~308.

리 퍼진 권력 관계 복합체인데, 이는 합의 생성을 통해 시민 사회 제도 및 기관들 안에서 생산되고 재생산된다.[12] 하지만 근래에 출현한 포스트 포드주의 세계 경제는 보편적인 것 아래 지역 사회 집단을 포섭하는 것으로 푸코가 그렸던 것보다 더 멀리 나아가 모든 특정 공간과 분리되는 지경에 이르게 되었다. 푸코는 여전히 국가와 시민 사회 제도에 중점을 두고 설명을 이어간다.* 그러나 그러한 제도 및 기관들은 위기에 처해 있다.[13] 정부는 초국가적 경제에 대한 통제권을 포기하거나 상실했다. 돈은 규제 완화와 컴퓨터 이송을 통해서 사실상 국가 지배에서 벗어났다. 공장과 공장 도시를 규율하는 원리들은 더는 잉여 노동을 추출하는 데 필요하지 않으며, 시간제 노동, 가사 노동, 다양한 형태의 불법 노동, 그리고 글로벌 '외부 위탁'outsourcing에 자리를 내주었다. 아시아에 있는 나이키처럼 다국적 기업의 하도급 운영은

---

12 헤겔과 푸코의 관계와 관련해서는 Michael Hardt, 'The Withering of Civil Society', *Social Text* 45, vol. 14, no. 4 (Winter 1995), 31~34 참조.

13 시민 사회 가능성의 소멸에 대해서는 Michael Hardt, 'The Withering of Civil Society', 34~40. Kenneth Surin, 'Marxism(s) and "The Withering Away of the State"' *Social Text*, no. 27 (1990), 42~46. 그리고 Antonio Negri, *The Politics of Subversion: A Manifesto for the Twenty-First Century* (Cambridge: Polity Press, 1989), 169~199 참조.

* 저자는 푸코를 포드주의 시대와 연결된 규율 권력 논의로 한정 짓는다. 푸코 논의를 지구화 시대로 확장하면서 포스트 포드주의 논의와 연결한 연구들로는 다음을 참조하라. 낸시 프레이저, '훈육에서 유연화로? 지구화의 그림자 속에서 푸코 다시 읽기' 『지구화 시대의 정의, 정치적 공간에 대한 새로운 상상』(그린비, 2010), 토사 히로유키, '전지구적 통치성', 『푸코 이후: 통치성, 안전, 투쟁』(난장, 2015)

더는 구매 회사의 직접 감독이나 규율을 요구하거나 심지어 허용하지 않는다. 노동력은 감추어져 있고, 생산의 원천은 끊임없이 위치를 바꾼다. 결과적으로 노동조합은 많은 권력을 잃었다. 지리적 안정성이 상실됨에 따라 가족, 교회, 지역 사회 역시 글로벌 단일 문화와 '가상 공동체'virtual community에 자기 자리를 내주었다.

> 「뉴욕 타임스」는 "새로운 질서는 노동자, 생산품, 기업 구조, 기업, 공장, 지역 사회에 대한 충성심은 물론 심지어는 국가에 대한 충성심까지도 사라지게 한다"고 단언한다. 걸프 앤드 웨스턴의 마틴 S. 데이비스Martin S. Davis 의장은 "새로운 규칙에 의해 모든 충성심이 소모품으로 간주된다. 이제는 특정한 자산에 대해 감정적인 애착을 가질 수도 없다"고 말한다.[14]

종종 이야기하듯 국민 국가는 외견상 글로벌 자본의 자유로운 흐름에 자신의 자리를 내어준 것처럼 보인다. 포스트 포드주의 아래 초국가 기업의 지리적 유연성은 국가와 지방 사이에서 경쟁을 일으킨다. 이 경쟁으로 국가와 지방은 사업을 유치하기 위해 임금, 노동 조건 및 환경 기준에 대한 자신들의 지배력을

---

[14] David Morris, 'Free Trade: The Great Destroyer' in *The Case Against the Global Economy* (San Francisco: Sierra Club Books, 1996), 221. 『위대한 전환: 다시 세계화에서 지역화로』(동아일보사)

희생한다. 관세 및 무역에 관한 일반협정GATT의 우루과이 라운드 조건 아래에서 국민 국가들은 무역과 관련한 자신들의 주권을 세계 무역 기구WTO에 양도했다. 세계 무역 기구는 조약 서명국들이 제정한 국내 법률이 자유 무역을 가로막는 장벽이 되는지를 판단할 수 있는 권한을 서명국들로부터 부여받았다. 살충제 사용, 산림 파괴, 육류에 대한 호르몬 사용과 같은 활동을 관장하는 국가 또는 지역의 법률은 WTO에 의해 철회될 수 있으며 이에 항소할 수 없다.[15]

그럼에도 불구하고 국민 국가는 세계화 반대를 무효화하고 사람들이 이를 자연스럽고 불가피한 흐름으로 받아들일 수 있게 하는 중요한 요인으로 남아있다. 상무부와 미국 국제 개발처 USAID는 미국 기업들이 해외로 일자리를 옮기도록 장려하기 위해 수억 달러를 쏟아부었고[16], NAFTA에 대한 미국 의회 토론은 국가주의가 계급 문제를 완전히 잠재우는 방식으로 진행되었다. 논의는 'NAFTA가 미국에 좋은가 나쁜가?'로 흘러갔다. 북미 국가들 사이에 있던 마지막 무역 장벽을 제거하는 협정이 일부 미국인(또는 멕시코인) 즉 구매력을 가진 주주들과 소비자들에게 좋

---

[15] Ralph Nader and Lori Wallach, 'GATT, NAFTA, and the Subversion of the Democratic Process' in *The Case Against the Global Economy*, 92~107.

[16] 예를 들어 1994년 4월 6일 「인디펜던트」에 실린 '우리들의 셔츠를 잃어버리다'Losing our Shirts라는 기사는 USAID가 1980년 이후 미국 기업들이 어떻게 카리브해와 중앙아메리카에서 값싼 노동력을 구하도록 장려하는 보조금, 대출, 광고에 10억 달러 이상을 지출했는지를 기록한다.

을 수도 있고, 일부 미국인들, 즉 노동자들에게 나쁠 수도 있다는 가능성은 논의조차 되지 않았다.

GATT와 NAFTA는 국민 국가가 자발적으로 주권을 상실했음을 보여준다. 이렇게 명백한 자기 희생 행위는 국가 프로젝트의 종말이 아니라 오히려 공간을 가로지르는 일반화를 뜻한다고 보지 않는 한 온전히 이해할 수 없다. 국가 프로젝트의 특징이 보편적인 것 아래 지역을 포섭하는 것이라 한다면 세계화는 이 프로젝트를 과도하게 확장한 것이다. 국가가 지역 관습의 '개입'에서 시장을 자유롭게 하고 표준화된 법률 및 통화 체제를 기반으로 개인이 다른 개인들과 관계를 맺게 하듯, 세계화는 국민 국가에서 상업을 자유롭게 한다.[17] 국가는 이제 자본의 보편적인 흐름을 방해하는 하나의 (또 다른) 지역화localization로 여겨진다. 시간 관리의 진전으로 공간에 대한 보편적 '지도화'mapping는 세계적인 수준으로 확장되었다. 통신, 이동 수단의 발전은 정보와 사람이 공간을 가로질러, 공간적 장벽을 극복하고 세계의 크기를 작게 만들었다. '지구촌'이라는 은유는 수 세기에 걸쳐 너무나도 많은 유혈사태를 일으킨 민족적, 부족적, 전통적인 장벽을 극복하고 세계 전역에 있는 이들이 서로 친교를 나누는 보편적catholic 정서를 끌어내기 위해 종종 사용된다. 전 세계의 '지도화' 과정은 지구에서 살아가는 모든 이를 같은 공간과 시간을 공유하는 동시

---

[17] Anthony Giddens, *The Nation-State and Violence* (Berkeley: University of California Press, 1987), 148~171.

대인으로 만들어주는 것처럼 보인다. 실제로 보편적인 기업 문화는 전 세계 지역 문화에 점점 더 깊이 침투하고 있다. 누군가쇼핑몰 안으로 낙하산을 타고 내려간다면 그곳이 케임브리지 혹은 미국 텍사스의 포트워스, 미국 테네시의 멤피스 혹은 캐나다앨버타의 메디신 햇, 탄자니아의 다르에스살람 혹은 벨라루스의민스크 가운데 어디인지를 조사하기 위해서는 꽤 시간을 들여야할 것이다.

보편적인 것의 지배에 관한 사례들, 조지 리처George Ritzer의 저서 제목을 인용하면 "사회의 맥도날드화"McDonaldization of Society는너무나 흔한 현상이 되어서 여기서 일일이 나열할 필요가 없을정도다.[18] 기업 언어에서 비전은 종종 분열을 극복하기 위해 평화를 창출하는 유익한 보편성catholicity으로 제시된다. 언젠가 나비스코사 사장은 말했다. "세계는 모두 똑같은 것을 소비하는사회다 … (나는) 아랍인과 아메리카인, 라틴인과 스칸디나비아인이 코카콜라를 마시거나 콜게이트로 이를 닦을 때처럼 열정적으로 리츠 크래커를 씹어 먹을 날을 고대한다."[19] 그러나 곧 제안하겠지만 보편적인 것의 승리는 단순히 공간적 장벽을 극복하는 것이 아니다. 분할된 공간을 극복하면서 공간을 동질적이고보편적인 것으로 지도화하려는 시도는 그 자체가 종종 일어나고

---

[18] George Ritzer, *The McDonaldization of Society* (Thousand Oaks, CA: Pine Forge Press, 1993). 『맥도날드 그리고 맥도날드화』(풀빛)

[19] Jerry Mander, 'The Rules of Corporate Behavior', 321.

있는 새로운 형태의 분열로부터 관심을 다른 곳으로 돌리기 위한 계략이다.

II. 이탈의 규율

포스트 포드주의 경제는 지리적 유연성과 포드주의 공간 분할의 극복을 특징으로 한다. 그러나 이렇게 명백해 보이는 분권화와 공간화는 어떤 면에서는 "분산을 통해 더욱 촘촘하게 조직화된" 공간의 규율을 은폐한다.[20] 회사가 공장을 폐쇄하고 임금 및 다른 기준이 낮은 곳으로 사업장을 이전할 능력이 있다면, 한 지역의 노동자들은 경영진의 요구에 훨씬 더 순응할 것이다. 공간의 지배는 특정 지역에서 이탈해서 이익을 창출할 수 있는 모든 공간의 추상적이고 보편적인 잠재적 문제가 된다. 공간의 지배는 직접 감독보다는 정보에 더 깊이 의존하는데, 그 정보는 기업에 이동성을 부여하는 전 세계 노동 시장과 환율에 대한 정확하고 최신의 지도화다.[21] 파놉티콘은 더는 단순히 공장과 같은 특정한 장소에서 공간의 규율이라는 특징을 갖고 있지 않다. 이제 파놉티콘은 지구 전체의 지도에 퍼져 있는 감시를 나타낸다. 이러한 고도로 세분되고 규율된 공간에 대한 저항으로서 종종 질 들뢰즈Gilles Deleuze가 이야기한 '탈주선'line of flight이라는 개념이

---

[20] David Harvey, *The Condition of Postmodernity* (Oxford: Basil Blackwell, 1989), 159. 『포스트 모더니티의 조건』(한울)

[21] David Harvey, *The Condition of Postmodernity*, 159~160, 233~239.

쓰이곤 한다. 이는 영토화, 공간을 감시하고 통제하는 것에서 탈주하는 '노마드 공간'nomad spaces을 만든다. 이때 아이러니한 점은 세계화된 경제에서 특정 지역에 대한 직접적인 규율이 순전한 이동성, 즉 탈주할 수 있는 능력에 자리를 내주었다는 것이다. 초국가적 기업이 지도상 다른 위치로 탈출할 가능성은 지도를 제작할 때 이미 내포되어 있으며 그것은 결국 노동자에 대한 통제력을 더 높이는 역할을 한다. 들뢰즈와 가타리Félix Guattari는 탈주가 불가피하게 재영토화를 수반하기 마련이라고 말한다.* 그들은 수사적으로 질문한다. "탈주선은 우발적으로 갈라져 가면서 대형들을 해체하거나 바꿔 놓지만, 결국 스스로 그런 대형들을 재생산하게 되는 것은 아닐까?"²²

---

22 Gilles Deleuze and Félix Guattari, *A Thousand Plateaus* (Minneapolis: University of Minnesota Press, 1987), 13. 『천 개의 고원』(새물결) '지도' 용법과 관련해서 들뢰즈와 가타리는 세르토가 사용하는 것과는 정반대의 방식으로 그 용어를 사용한다. 들뢰즈와 가타리에게 '사본'은 공간을 균질화하고 포착하는 '능력'인 반면 '지도'는 '리좀적'이고 생산적인 탈주선이다. Gilles Deleuze and Félix Guattari, *A Thousand Plateaus*, 12~20.

* 탈영토화 및 재영토화 개념은 『앙띠 오이디푸스』L'Anti-Oedipe를 비롯한 들뢰즈와 가타리의 공동 저서에서 나타난다. 기초 도식은 영토의 구성(혹은 점유), 이 영토로부터 벗어남, 영토의 재구성이라는 세 시간 혹은 세 단계로 분해될 수 있지만 실제로는 강력한 역동성을 구성하면서 어떤 것이 처음인지 말하기 어렵다. 본문과 관련된 논의에 한정한다면 부정적인 탈영토화는 "이를 보충하는 재영토화에 의하여 회복되는 과정이며, 그 결과 탈주선(도주선)은 지워진다". 생산의 탈코드화된 흐름과 노동의 탈코드화된 흐름(자본-돈 그리고 '자유로운 노동자')에서 발생하는 자본주의는 "분열적 한계를 향해 진행하는 동시에 모든 종류의 잉여적이고 인위적인, 상상적이거나 상징적인 영토성을 창립하거나 복원한다". 가령 "재정 흐름의 탈영토화가 있는 곳에는 권력에 의한 매입과 지불 수단의 재영토화가 있다". 아르노 빌라니, 로베르 싸소 (편집), 「들뢰

하지만 포스트 포드주의 경제에서 이러한 형성 과정의 재생산은 분화가 아니다. 탈주가 이루어지는 전체 지점이 이러한 형성 과정을 재생산한다. 세계화는 고정된 공간에서의 억압적인 지도화와 그 지도화에 대한 노마드의 저항 사이의 이분법을 복잡하게 만들었다. 세계화에서 탈주를 촉진하는 것은 보편적인 지도화 그 자체이며 탈주는 공간의 분할을 재생산한다.

'지구촌'이라는 공간 압축은 평화로운 탈주를 산출하기는커녕 20세기 후반에 일어난 불안과 갈등을 더 증폭시켰다. 세계의 지도화가 다양한 지역을 서로 경쟁하게 했기 때문이다.[23] 세계화는 국민 국가 사이에 잠재적으로 치명적인 경쟁을 증가시킨다. 자유 무역은 아이러니하게도 특정 국가들의 경쟁적 발전 전략으로 제시되기 때문이다. 자본은 공간적 장벽을 넘어 심지어 극도로 작게 분화된 공간까지도 측량해 착복할 수 있으며 모두를 상대로 한 경제 전쟁을 촉발할 수 있게 된다.[24]

경쟁은 자본을 유치하기 위한 노력의 일환으로 다양한 장소에 사는 사람들은 자신들이 있는 위치가 지닌 독특하고 유리한

즈 개념어 사전』, (갈무리, 2012), 400~404.

[23] 가령 Helena Norberg-Hodge, 'The Pressure to Modernize and Globalize' in *The Case Against the Global Economy*, 33~46을 보라. 헬레나 노르베리-호지는 인도 북부 라다크 사람들의 전통 문화에 대한 세계화의 파괴적인 영향을 추적한다. 그녀는 인도에서의 종족 분쟁이 경쟁, 인위적 결핍 및 세계화로 창출된 실현 불가능한 욕망으로 주로 야기되었다고 주장한다.

[24] David Harvey, *The Condition of Postmodernity*, 271, 293~296.

점(저임금, 약한 노조, 좋은 자원과 기반시설, 느슨한 규제, 관리하기에 유리한 환경 등)을 강조해야 하기에 현지에 명백한 애착을 갖게 된다. 그러나 동시에 경쟁은 역설적으로 지역으로부터 사람들의 이탈을 증가시킨다. 지역 현장에서 자본을 얻기 위해 경쟁하게 되면서 각 장소가 지닌 특성은 개발을 유치하기 위해 이전에 성공했던 지역 현장을 본으로 삼아 이에 자신을 맞추기 때문이다. 이에 대해 데이비드 하비David Harvey는 말한다.

> 공간적 장벽이 덜 중요해질수록 공간 내 장소 변화에 대한 자본의 민감성은 더 커지고, 다른 곳과 차별화된 방식으로 자신의 매력을 자본에게 드러낸 장소는 더 큰 인센티브를 얻는다.[25]

그러므로 일시적인 특수성은 단지 보편성의 지배라는 현실의 이면에 불과하다. 미네소타 같은 곳에서도 멕시코 음식이 대중화되었지만 이 대중화를 주도하는 것은 패스트푸드 체인인 타코벨이다. 타코벨을 통해 미네소타 사람들은 케첩만큼이나 멕시코식 매운 소스에 익숙해진다. 이때 (타코벨로 대표되는 대중화된) 멕시코 음식은 어느 곳에서나, 모든 사람의 입맛에 들어맞을 만큼 단순하면서도 동시에 다른 곳과 경쟁에서 살아남을 수 있을 정도로 멕시코 음식의 특성을 드러내야 한다. 그래서 이런 대중화된

---

[25] David Harvey, *The Condition of Postmodernity*, 295~296.

업체들의 광고는 자신들이 특정 장소에 뿌리내리고 있음을 알리는 이미지로 나타나기 마련이다. 타코벨 광고는 전통적인 멕시코 문화를 전시한다. 이를테면 화덕 앞에서 한 할머니가 손으로 토르티야를 만들고 멕시코 전통 술인 풀케를 홀짝인다. 퉁명스러운 표정의 백인 청소년이 타코벨 판매대 앞에 서서 사워크림소스를 브리토에 퍼붓는 모습을 본 적이 있다면 저런 광고가 얼마나 터무니없는 것인지 알 수 있다. 타코벨은 멕시코 현실에 부합하지 않을 뿐만 아니라 화덕 앞에서 토르티야를 만드는 나이든 여인이라는 것도 가공된 이미지이기 때문이다. 오늘날 실제 멕시코 여성은 더빙된 미국 드라마 《다이너스티》가 재방송하기 전에 식탁에 앉아 토르티야를 다이어트 콜라에 곁들여 먹을 확률이 더 높다. 특정 장소가 '진짜'라고 주장하면 주장할수록 그곳은 스스로 원본이 존재하지 않는 사본의 사본인 시뮬라크룸임을 더 드러낸다.[26]

세계의 지도화는 세계 곳곳의 전통과 문화에서 나온 다양한 생산물을 시장을 통해 하나의 시간과 공간에 결합함으로써 다양성에 대한 환상을 만들어낸다. 소비자들은 멕시코 음식과 참치 냄비 찜 요리, 망고 마요네즈를 한꺼번에 볼 수 있다. 돈을 가진

---

[26] 나에게는 아름다운 사막 고속도로에 서 있는 한 젊은이를 그린 삽화가 있다. 이 그림에서 젊은이 주위에는 '차이점을 발견하라', '색다른 것을 추구하라', '다른 길을 택하라', '전형적인 것을 잊어버려라', '평범한 것은 없다', '보통의 것을 버려라'라는 강령이 겹쳐 있다. 그 삽화는 타코벨 전단에 실려 있다.

소비자들은 세계 모든 사람과 같은 시-공간에 있는 동시대인이라는 환상을 갖는다. 타자는 '다르다'는 점도 중요하지만, 케네스 수린Kenneth Surin이 말했듯 "그저 다르기만 할 뿐"이라는 점 역시 그만큼 중요하다.[27] 시뮬라크룸의 생산, 즉 표층에서뿐인 차이는 진정한 타자와의 관계 맺음을 불가능하게 한다. 여기서 나는 내가 하는 소비가 상호 이익이 되는 세계 무역을 통해 '너'의 안녕에 기여한다는 공상을 한다. 내가 하는 식사가 (식사를 제공하는) '너'의 굶주림을 덜어준다는 식으로.[28] 타자의 특이성을 소비하는 행동은 가짜 보편성catholicity으로 흡수되는 동시에 실제 현실(한겨울에도 망고를 즐기는 미네소타 사람들과 시간당 0.4달러를 벌어 끼니를 겨우 마련하는 브라질 인디언들 사이에는 공간이 엄격하게 분할되어 있다는 것)을 은폐한다.

세계화가 지역의 전통 문화를 시장화하는 반면 해당 공간에 거주하는 이들은 코카콜라와 콜게이트로 대표되는 보편적 문화에 자신의 전통을 잃어간다. 유연한 축적의 소용돌이 속에서 역사적 연속성은 유지되기 어렵다. 지역에 대한 애착은 끊임없이 산출되는 덧없는 욕망들로 인해 느슨해지는데 이는 세계자본주

---

[27] Kenneth Surin, 'A Certain "Politics of Speech": "Religious Pluralism" in the Age of the McDonald's Hamburger', *Modern Theology* 7/1 (October 1990), 74.

[28] 후자의 문구는 중세 유럽에서의 성찬의 논리에 대한 캐서린 픽스톡 Catherine Pickstock의 뛰어난 주해에서 가져온 것이다. Catherine Pickstock, *After Writing: On the Liturgical Consummation of Philosophy* (Oxford: Basil Blackwell, 1998), 121~166. 픽스톡은 성찬을 둘러싼 종교개혁 논쟁을 다루며 이 문구를 쓴다.

의가 끊임없이 성장을 요구하면서 촉발된 것이다. 빠르게 변화하는 유행에 중독된 시장을 개발하고, 상품의 '유통 기한'을 훨씬 더 줄이는 데서 나아가 서비스로 강조점을 전환하면서 포스트 포드주의 경제는 점점 더 매출이 증가하는 것을 추구해 왔다. 단기 계획은 고질적이다. 단순히 상품뿐만 아니라 모든 종류의 관계 및 특정한 대상에 대한 애착을 순식간에 접는 능력은 새로운 경제의 소비가 지닌 특징이다.[29] 오늘날 시장은 단지 몇몇 유명 브랜드만 지배하는 것이 아니다. 수요 조사는 전문화되고 이국적인 제품들도 급증하고 있다(이를테면 개를 위한 생수, 수마트라섬의 사향고양이 똥에서 배출된 고급 커피 원두).[30] 지역적이고 특수한 것은 그 참신함 때문에 정확하게 소비자들의 상찬을 받는다. 그러나 이상적인 소비자는 모든 세부 사항과 분리되어 있다. 새로움은 점차 사라지고 특수한 것들은 상호 교환이 가능한 것으로 바뀐다. 원하는 것은 욕망 자체다. 세계 경제는 욕망의 생산을 그 자체의 목적으로 하거나 프레드릭 제임슨Fredric Jameson이 말했듯 "과정으로서 순전한 상품화 소비"를 특징으로 한다.[31] 이 경제에서는 이미지조차 상품이 되고, 상품이 높은 평가를 받는 것은 정확하게 그것의 일시적인 수명 때문이다. 이미지들은 매우

---

29 David Harvey, *The Condition of Postmodernity*, 284~286.

[30] 유감스럽지만 이 모든 것은 실제로 시장에서 유통되고 있다.

[31] Fredric Jameson, *Postmodernism, or, the Cultural Logic of Late Capitalism* (Durham, NC: Duke University Press, 1991), x.

세계화가 보편적이라는 신화 | 177

빠른 회전율을 보일 뿐만 아니라 실제 상품은 할 수 없는 방식으로 공간적 장벽을 손쉽게 뛰어넘는다. 이러한 이미지들의 피상성은 시뮬라크룸의 논리에도 부합한다. 교환 가치의 논리는 사용 가치의 기억을 거의 완전히 소멸시켰다.[32]

그 결과 주체는 급격하게 중심에서 이탈해 해체되고 관련 없는 이미지들의 바다에서 표류하게 된다. 정체성이 과거, 현재, 미래를 일관성 있게 조직해내는 이야기로 통합함으로써 구축된다면 덧없는 이미지와 급속한 변화는 인간에게서 이러한 능력을 앗아간다. 후기 자본주의의 주체는 라캉Jacques Lacan식으로 말하면 '정신분열'적이 되고 "시간 속에서 순수하고 아무런 관련도 없는 일련의 현재들"만을 경험하게 된다.[33]* 하지만 이 새로운 주체의 구성이나 해체는 부정확하게도 순수한 이질성, 즉 특수한 것의 승리로 묘사된다. 그 결과 오늘날 창조된 대상은 나비스코사 경영자가 바라던 보편적인 동질적 소비자들이다. 그의 '보편

---

[32] Fredric Jameson, *Postmodernism*, 18.

[33] Fredric Jameson, *Postmodernism*, 27.

* 프레드릭 제임슨은 후기자본주의 사회질서에서 내적인 진실을 표현하는 중요한 특징 가운데 하나로 정신분열증(조현병)을 지목한다. 그는 라캉의 논의를 전유하면서 언어를 분절할 수 없는 조현병 환자는 시간적 연속성을 경험하지 못하고, 개인 정체성을 상실한다고 말한다. 왜냐하면 "정체성에 대한 느낌은 시간을 통해 '나'I와 '나를'me을 지속시키는 감각에 의존하기 때문이다". 다른 한편 시간적 연속성이 깨어진 조현병 환자는 현재를 압도적인 방식으로 경험한다. 고립된 대상은 감각적인 면에서 더 생생해지게 된다. 의미를 상실한 대상은 하나의 이미지로 변형된다. 프레드릭 제임슨, '포스트모더니즘과 소비사회', 『모더니즘 이후 미술의 화두』(눈빛, 1999) 참조.

적'catholic 취향은 소비자들이 어떤 특정 서사에 애착을 갖는 것을 배제한다. 하지만 이는 결코 리오타르가 이야기했던 것처럼 단순히 '거대 서사의 종말'을 알리는 신호는 아니다. 대신 이는 새로운 보편성catholicity 혹은 제임슨을 인용하면 "서사들의 종말에 대한 서사로서 서사의 귀환"이다.[34]

III. 제병* 안의 세계

성찬은 전 지구적 규모로 일어나는 세계화에 맞선 대항-서사counter-narrative를 제공하는가? 성찬은 해 뜨는 동쪽부터 해 지는 서쪽에 이르기까지 하느님의 영광을 위하여 온전한 제물을 바칠 수 있게 실행되어야 한다.** 아퀴나스는 교회의 보편성catholicity을 가능한 한 가장 광범위한 용어로 정의했다. 이 보편성은 민족들 사이의 자연적이고 사회적인 분할 뿐 아니라 시간과 공간의 모든 경계를 초월한다.

교회는 가톨릭, 즉 보편적이다. 먼저는 장소와 관련해서 그러하다. 도나투스파와 달리 가톨릭교회는 세계 곳곳에 존재한다.

---

[34] Fredric Jameson, *Postmodernism*, xii.

* 제병wafer은 성찬 전례 시에 사용되는 누룩 없이 만든 둥근 빵이다.

** 이 표현은 다음 성서 구절을 차용한 것이다. "나의 이름은 해 뜨는 데서 해 지는 데까지 뭇 민족 사이에 크게 떨쳐, 사람들은 내 이름을 부르며 향기롭게 제물을 살라 바치고 깨끗한 곡식 예물을 바치고 있다. 만군의 야훼가 말한다. 내 이름은 뭇 민족 사이에 크게 떨치고 있다." (말라 1:11)

… 게다가 이 교회는 세 부분이 있는데 하나는 이 땅 위에, 다른 하나는 하늘에, 그리고 세 번째는 연옥에 있다. 또한 교회는 인류의 상태와 관련해 보편적이다. 교회는 주인이든 종이든, 남성이든 여성이든 누구도 거부하지 않는다. … 다음으로 교회는 시간과 관련해 보편적이다. 교회는 아벨의 시대에서부터 시작되었으며 세계의 종말에 이르기까지 계속될 것이다.[35]

성찬이 낳은 참된 보편성은 지구 전 공간의 지도화에 의존하지 않는다. 카타콤에서 모인 교회는 콘스탄티누스의 전차를 타고 당시 사람들에게 알려져 있던 세계의 끝까지 간 교회만큼이나 보편적이었다.[36] 성찬은 보편적인 것과 지역적인 것의 이분법을 극복한다. 성찬의 행동은 단순한 이동성이 아니라 지역 집회에서 열리는 모임을 통해 공간의 분할을 붕괴시킨다. 이때 보편성catholica은 장소가 아니라 온 세상의 기원과 운명에 관한 '공간적 이야기'spatial story이며 이는 성찬으로 구현된다.

'전체적으로'를 뜻하는 카스 홀로우kath' holou에서 유래한 그리스어 형용사 카톨리코스katholikos는 고대에 '보편적인'universal 혹은

---

[35] Thomas Aquinas, Opusculum VII, 'In Symbolum Apostulorum, scil., Credo in Deum, Expositio', Avery Dulles, *The Catholicity of the Church* (Oxford: Clarendon Press, 1985), 181에서 인용.

[36] '분파주의' 혐의에 대해서는 올리버 오도너번Oliver O'Donovan의 논평을 보라. Oliver O'Donovan, *The Desire of the Nations: Rediscovering the Roots of Political Theology* (Cambridge: Cambridge University Press, 1996), 216.

'모든 사람에게 해당되는'general이라는 말과 같은 의미로 쓰였다. 그러나 초기 교부들은 교회와 관련해 이 말을 쓸 때 결코 단조로운 음성으로 말하지 않았다. 어떤 이들은 '보편적인'universal 혹은 '총체적인'total이라는 뜻에서 '가톨릭'이라는 말을 썼고 어떤 이들은 '진정한'authentic이라는 뜻에서 '가톨릭'이라는 표현을 썼다. 4세기 중반이 되자 이 말은 반체제 인사 혹은 이단적 그리스도교 집단과 구별되는 전체로서 위대한 교회를 가리키는 말이 되었다.[37] 영어에서는 '가톨릭'이라는 말을 '유니버설'이라는 말과 사실상 같은 말로 쓰고 있지만 앙리 드 뤼박이 지적했듯 둘의 용례는 사뭇 다르다. '유니버설'이 확산을 암시한다면 '가톨릭'은 모임을 암시한다. 현대 영어에서 '유니버설'은 도처에 만연한 현실을 가리킨다. 그러나 드 뤼박에 따르면 '가톨릭'은 이와는 조금 다르다. 가톨릭은 유기적인 전체, 응집력, 확고한 종합, 흩어져 있지 않고 오히려 그 지역이나 내부 분화가 무엇이든 간에 통일성을 보장하는 중심을 향해 방향을 돌리는 실재에 대한 사상을 가리킨다.[38]

참된 보편성Catholica이 향하는 중심은 성찬이다. 앙리 드 뤼박은 성찬이 교회를 만든다고 말한 바 있다. 그러나 성찬은 탈중심화된 중심이다. 성찬은 전 세계에 흩어져 있는 수많은 지역 교회

---

[37] Avery Dulles, *The Catholicity of the Church*, 14.

[38] Henri de Lubac, *The Motherhood of the Church* (San Francisco: Ignatius Press, 1982), 174.

에서 거행되며 다양한 의례, 음악, 전례 공간과 함께 이루어진다. 교회 안에서 보편universal과 특수particular는 미적분을 통해 보편적인 것catholic으로 복합화된다. 한스 우르스 폰 발타사르Hans Urs von Balthasar가 말했듯 "보편성Catholica은 사실 (성찬이 거행되는) 어느 곳에서나 중심점을 두고 있다". 이론상 교회는 어디에나 있을 수 있다. 지리적으로 "땅끝까지"(사도 1:8)[39] 확장되는 교회의 주변부는 어떤 경우에도 중심점에서 멀리 떨어져 있을 수 없다. 그러나 발타사르에 따르면 참된 보편성의 정상적인 상태는 크리스텐덤(강제력으로 방어할 수 있는, 국경을 지닌 항구적 장소)이 아니며 디아스포라이다. 교회는 복음을 땅끝까지 전파해야 하는 선교 사명에 있어 분명 보편적catholic이라고 할지라도, 보편성catholicity은 공간을 통한 확장에 의존하지 않는다.

흩어진 지역 공동체에서 거행되는 성찬은 하나로 모인다. 초기 교회부터 이 원리는 주교 서품식에 적어도 다른 지역에 있는 두 명의 주교들이 지역 성찬 공동체의 수장으로 참여함으로써 표현되었다.[40] 고대 로마 전례에서는 교황이 미사를 집전할 때 다음 미사를 위해 성체聖體 중 작은 조각들을 따로 마련했다. 이 조각들은 다양한 지역에서 미사를 집전하는 사제들에게 보내졌

---

[39] Hans Urs von Balthasar, *Explorations in Theology IV: Spirit and Institution* (San Francisco: Ignatius Press, 1995), 65~66.

[40] John Zizioulas, *Being as Communion*, 155.

다.[41] 이러한 실천 가운데 그리스도의 몸은 분할되지 않는다. 그리스도의 몸 전체는 성찬에서 빵과 포도주를 나눌 때 그곳에 함께하기 때문이다. 제병 안에는 세계가 있다.

이러한 원리에 따라 개별 지역 교회에서 성찬을 거행할 때 그리스도의 몸은 일부가 아닌 전체가 그곳에 함께 한다. 로마인들에게 보낸 편지에서 바울은 말한다.

> 나와 온 교회를 잘 돌보아주는 가이오도 여러분에게 문안합니다. 이 도시의 재무관인 에라스도와 형제 구아도도 여러분에게 문안합니다. (로마 16:23)

여기서 바울은 지역 공동체를 '홀레 헤 에클레시아'hole he ekklesia, 즉 "온 교회"whole church라고 부른다. 실제로 첫 3세기 동안 '가톨릭 교회'라는 용어는 주로 성찬을 중심으로 모인 지역 교회를 가리킬 때 쓰였다.[42] 특정 교회는 더 큰 전체의 행정부서가 아니다. 오히려 각 교회 안에 전체가 집결concentration한다. 전체 가톨릭 교회가 지역 집회에 함께할 수 있는 이유는 그리스도의 몸 전체가

---

[41]   Henri de Lubac, *The Motherhood of the Church*, 206.

[42]   앙리 드 뤼박은 각주에서 첫 3세기 동안 '가톨릭교회'라는 용어를 오직 지역 교회를 가리킬 때만 썼다는 지지울라스의 주장은 다소 과장되었지만 "그럼에도 불구하고 가톨릭과 '유니버설'의 차이를 교회는 분명하게 인지하고 있었다"고 논평한다. Henri de Lubac, *The Motherhood of the Church*, 177 각주 23.

그곳에 함께 하기 때문이다.[43] 그러므로 가톨릭 공간은 개인을 전체에 결합시키는 단순하고 보편적인universal 공간이 아니다. 성찬은 지역적인 것과 연합되면 될수록 더 전체와 연합되는 방식으로 공간을 굴절시킨다. 참된 지구촌은 단순히 거대한 마을이 아니라 "내 이름으로 두세 사람이 모인 곳"(마태 18:20)이다.

그러므로 공간적·시간적 장벽의 초월은 전 지구의 지도화로 이루어지는 것이 아니라 지역 집회를 통해 세계가 붕괴됨으로써 이루어진다. 이러한 맥락에서 그리스도교 초창기에 성찬 집회가 특정 도시에 있는 한 교회에서만 거행되었다는 점은 시사하는 바가 크다. 성찬은 특정 장소에서 나이, 인종, 성, 언어 혹은 사회적 계급과 무관하게 교회를 이루는 모든 구성원을 연합시킨다. 요한 지지울라스가 지적했듯 연대와 사랑으로 모이는 것은 그리스도교만 이룬 혁신은 아니다. 로마의 조합collegia 구성원들은 서로를 형제로 불렀고 종종 재산을 공동으로 소유했다. 이러한 조합들과 그리스도교 성찬 공동체를 구별하는 것은 자연적이고, 사회적인 분열을 넘어서는 방식에 있다. 그리스도 안에서는 유대 사람도 그리스 사람도 없고, 종도 자유인도 없으며, 남자와

43　Henri de Lubac, *The Motherhood of the Church*, 199~202. 앙리 드 뤼박은 '지역 교회'를 고유한 전례 용법과 규율을 지닌 동방 가톨릭교회와 같은 단체들(몸들)을 표기하기 위해 사용한다. 이 글에서는 '지역'local과 '특수'particular를 상호 교환 가능하게 쓸 것이다. 둘은 모두 특정 장소에 있는, 성찬을 중심으로 모인 공동체를 가리킨다.

여자도 없다(갈라 3:28).[44] 공간적 장벽이 현저하게 붕괴됨으로써 지역 공동체는 참되고 보편적인catholic 공동체로 거듭난다.

IV. 공간적 이야기로서 성찬

성찬이 보편과 지역의 이분법을 해체한다고 하면 누군가는 성찬에 대한 강조가 세계주의에 대한 해독제가 아니라 특정 장소에 묶인 신정정치神政政治, theocracy 혹은 종파로의 단순한 퇴각이 아닌가 하는 의구심을 품을 수 있다. 확실히 중세의 성체 축일Corpus Christi 의식처럼 성찬은 특정한 자리에서 고정된 사회적 위계를 강화하고 타자들을 배제하는 데(서구 역사에서는 유대인들) 쓰일 수 있다.[45] 그리스도교 교회에서 하는 모든 시도가 지역적인 것에 특권을 부여하려는 것이 아니냐는 질문을 던질 수도 있다. 파시스트의 유혹, 즉 분할보다는 연합을 추구하는 보편성catholicity의 반대항인 '분파주의'sectarianism의 유혹의 지배를 받는 것과 유사한 것이 아니냐고 말하면서 말이다.

그러나 성찬으로 구현된 보편성catholica은 장소 그 자체가 아니라 장소에 대한 특정한 공간을 운영하는 수행 이야기다. 여기서 다시 한번 세르토의 공간 이야기에 대한 논의, 지도와 여행 안내

---

[44] John Zizioulas, *Being as Communion*, 150~152.

[45] Miri Rubin, *Corpus Christi: The Eucharist in Late Medieval Culture* (Cambridge: Cambridge University Press, 1991), Sarah Beckwith, *Christ's Body: Identity, Culture and Society in Late Medieval Writings* (London: Routledge, 1993)를 보라.

서의 구분을 다시 가져올 것이다. 여행 안내서 이야기들은 서사의 순서를 따라 공간을 조직하고 연결한다. 여행 안내서 이야기를 따르는 순례는 단지 한 공간에서 다른 공간으로 이동하는 것이 아니며 정확하게는 이야기를 통해 여행 안내서를 추적하는 인물들의 실천을 통해 공간을 구성하는 것이다. 공간과 관련해이 세계를 추상적으로 만드는 지도화와는 달리 중세의 공간 표상은 시간 혹은 일 단위로 거리를 측정했는데 그 시간은 도보로 목적지까지 가는 데 걸리는 시간이었다. 이 여행 안내서들은 순례자들이 목적지를 향해 걸어갈 때 그들이 걷고 있는 길에 관한 이야기를 들려준 것이다.[46]

여행 안내서는 보지 않고 가는 것을 뜻한다. 이때 주체는 공간과 분리된 채 공간을 조사하는 것이 아니라 이야기가 가리키는 운동 속으로 몰입한다. 이러한 맥락에서 주체는 이야기를 단순히 듣는 것이 아니라 이야기를 '상연'한다. 공간은 몸의 움직임, 몸짓으로 형성된다. 이처럼 공간 이야기는 단순한 기술이 아니라 규범이다. 이야기들은 우리가 걸을 수 있는 길을 제공한다. 이야기들은 발걸음이 이야기를 상연하기 전이나 상연하는 와중에 여정을 만들어낸다.[47] 세르토가 말했듯 이야기는 "실천적 행동을 위해 적법한 극장을 연다".[48]

---

[46] Michel de Certeau, *The Practice of Everyday Life*, 115~130.

[47] Michel de Certeau, *The Practice of Everyday Life*, 116.

[48] Michel de Certeau, *The Practice of Everyday Life*, 125.

공간 이야기는 지도의 지배적인 과밀화에 대한 저항 행위다. 그러나 공간 이야기는 특정 장소를 방어하려 애쓰지 않으며 자신의 영토를 확립하려 하지 않는다. 대신 특정 장소를 통과하면서 순례하고, 실천을 통해 그 장소들을 다른 공간으로 변화시킨다. 하느님의 도성은 천상의 본향을 향해 순례길을 걷는 가운데 이 세상을 활용한다. 이 순례의 장소는 그 어느 곳이나 모든 공간으로부터 분리되어 있지 않다. 순례는 세계주의로 부각된 순수한 이동이 아니다. 성찬은 지역 모임에서 이웃과 낯선 사람을 구체적으로 마주하는 가운데 전 우주적인 규모의 이야기를 나눔으로써 이루어진다. 초이동성hypermobility 경제에서 교회는 탈주하는 것이 아니라 정주함으로써 저항한다.[49] 공동체는 특정 장소를 떠나지 않고도 여행을 할 수 있다. 성찬 가운데 전 세계와 더 무수한 사람이 함께하기 때문이다. 히브리인들에게 보낸 편지는 얼마 안 되는 공동체에서 그들이 성찬을 할 때 외로이 있지 않다는 점을 알려준다.

여러분이 와 있는 곳은 시온 산이고 살아 계신 하느님의 도성이며 하늘의 예루살렘입니다. 거기에는 수많은 천사들이 있고,

---

[49] 프레더릭 바우어슈미트Frederick Bauerschmidt는 세르토가 특정 실천에 대한 저항이 종종 수도원과 무료 급식소와 같은 기관들을 필요로 한다는 것을 완전히 포착하지 못했다고 이야기한다. 수도원과 무료 급식소와 같은 기관은 거의 움직이지 않는 것처럼 보인다 할지라도 걷기의 방식이다. Frederick Bauerschmidt, 'Walking in the Pilgrim City', *New Blackfriars* 77, no. 909 (November 1996), 504~517.

잔치가 벌어져 있고 또 하늘에 등록된 장자들의 교회가 있고 만민의 심판자이신 하느님이 계시고 완전히 올바른 사람들의 영혼이 있습니다. 그리고 새로운 계약의 중재자이신 예수가 계시고 아벨의 피보다도 더 큰 힘을 발휘하는 속죄의 피가 있습니다. (히브 12:22~24)

최근에 와서야 성찬의 종말론적 차원이 다시 부각되고 있지만, 교부들의 저술과 초기 그리스도교 전례들은 성찬이 공간적·시간적 장벽들을 생생하게 허무는 것으로 가득 차 있음을, 그리하여 이 땅의 전체 교회를 모든 시대와 모든 곳에 있는 영원한 교회와 연합시키고 있음을 보여준다.[50] 성찬은 그리스도의 죽음과 부활에서 그의 피를 통해 형성된 새로운 언약, 그리고 모든 피조 세계가 마주하게 될 미래의 운명에 이르는 우주적인 규모의 서사를 이야기할 뿐 아니라 그 서사를 상연한다. 성찬에 참여하는 소비자는 더는 세계자본주의 체제에서 아무것과도 연결되지 않은 현재들의 바다에 휩쓸린 정신분열적 주체가 아니다. 성찬을 통해 그는 과거와 현재, 미래의 이야기로 들어간다.

세계자본주의의 분리된 초이동성에서 표지와 장소는 상호 교환될 수 있다. 원하는 것은 욕망 그 자체이기 때문이다. "나는 사랑과 사랑에 빠졌다"는 아우구스티누스의 탄식은 이 상태를

---

[50] Geoffrey Wainwright, *Eucharist and Eschatology* (New York: Oxford University Press, 1981)을 보라.

포착한다. 그는 인간의 참된 정체성은 덧없는 이 세상 너머에 계시는 하느님을 향한 갈망을 통해서만 발견된다고 보았다. 전례의 차이가 허용되는 이유는 세계에 대해 하느님께서 이를 넘어선 분이시기 때문이다. 하느님을 온전히 이해할 수 없는 곳에서 초월적인 하느님을 암시하고 가리키기 위해 우리에게는 다양한 장소와 실천이 필요하다.[51] 그러나 모든 특정한 징표를 상호교환할 수 있어서 전례의 다양성이 가능한 것은 아니다. 반대로 성찬에서 가장 중요한 것은 특수한 것이다. 그리스도교 전통에 따르면 특정 시간과 공간에 있는 특정한 빵 조각이 바로 그리스도의 몸이다. 빵 조각이라는 징표는 어떤 추상화된 초월자를 가리키는 것이 아니다. 성찬에서는 실재reality와 징표sign의 위격적 결합hypostatic union, 즉 성사의 중간 효과res et sacramentum가 존재한다.[*] 그리스도는 성찬에서의 소비(먹고 마심)consumption에 참여하는 이들을 하느님과 함께 하는 소비자consumer로 동일시하도록 징표를 생명으로 넘치게 채운다.[52]

---

[51] 캐서린 픽스톡은 다음 논문에서 이 점을 지적했다. Catherine Pickstock, 'Liturgy, Art and Politics', *Modern Theology* 16 (2000), 159~180.

[52] Jean-Luc Marion, *God without Being* (Chicago: University of Chicago Press, 1991), 156. 그리고 Frederick Bauerschmidt, 'Aesthetics: The Theological Sublime' in *Radical Orthodoxy: A New Theology* (London: Routledge, 1999).

[*] 성찬에서 먹고 누림을 통해 저자는 하느님과 친교와 지역 공동체에서의 친교를 긴밀하게 결합시킨다. 빵과 포도주에 현존하시는 그리스도 (그리스도의 참된 몸corpus Christi verum)는 성사의 중간 효과res et sacramentum 로 이해되고, 그리스도의 몸과 하나가 된 교회(그리스도의 신비한 몸corpus Christi mysticum)은 성사적 실재res sacramenti로 간주된다.

성찬에서 소비자는 소비되는 것과 분리되지 않는다. 그리스도의 몸은 성찬의 빵을 소비하는 우리를 소비한다. 아우구스티누스는 자신에게 그리스도께서 해주신 말씀을 적었다.

나는 다 큰 사람들의 음식이로다. 너는 커라. 이에 나를 맛보리라. 네 육신의 음식처럼 나를 네게 동화시키지 말라. 오히려 너를 내게 동화시킬 것이니라.[53]

성찬을 이야기로 보는 것은 결코 성변화聖變化라는 현실을 부인하는 것이 아니다. 우리가 걸어갈 공간은 그리스도의 몸과 피가 구성한다. 이야기를 전하는 존재는 그리스도이지 우리가 아니다. 성찬에서 각 소비자는 그리스도의 전체 몸을 받는다. 몸은 그러한 와중에도 온 세계에 걸쳐 하나로 있다. 이는 오직 소비자가 몸에 흡수되기 때문에 가능한 일이다. 성찬의 소비자는 지상의 특정 장소에 여전히 거주하면서, 그리스도의 몸이 자아내는 낯선 풍경을 걷기 시작한다. 지역이라는 공간의 특정한 틈새에서 그리스도의 우주적인 몸의 침입을 통해 속세의 풍경은 변화된다. 모퉁이를 돌면 노숙자를 통해 우주적 그리스도가 나타나셔서 커피 한 잔을 청한다. 굶주리거나 목마른 이, 나그네나 헐벗은 이, 병든 이, 옥에 갇힌 이와 같은 가장 취약한 이들의 모습

---

[53] Augustine of Hippo, *Confessions*, VII, 10, 124.

으로 나타난 그리스도께서는 이 공간을 끊임없이 뒤흔든다.

사람의 아들이 영광을 떨치며 모든 천사들을 거느리고 와서 영광스러운 왕좌에 앉게 되면 모든 민족을 앞에 불러놓고 마치 목자가 양과 염소를 갈라놓듯이 그들을 갈라 양은 오른편에, 염소는 왼편에 자리 잡게 할 것이다. 그 때에 그 임금은 자기 오른편에 있는 사람들에게 이렇게 말할 것이다. '너희는 내 아버지의 복을 받은 사람들이니 와서 세상 창조 때부터 너희를 위하여 준비한 이 나라를 차지하여라. 너희는 내가 굶주렸을 때에 먹을 것을 주었고 목말랐을 때에 마실 것을 주었으며 나그네 되었을 때에 따뜻하게 맞이하였다. 또 헐벗었을 때에 입을 것을 주었으며 병들었을 때에 돌보아 주었고 감옥에 갇혔을 때에 찾아주었다.' 이 말을 듣고 의인들은 이렇게 말할 것이다. '주님, 저희가 언제 주님께서 주리신 것을 보고 잡수실 것을 드렸으며 목마르신 것을 보고 마실 것을 드렸습니까? 또 언제 주님께서 나그네 되신 것을 보고 따뜻이 맞아들였으며 헐벗으신 것을 보고 입을 것을 드렸으며, 언제 주님께서 병드셨거나 감옥에 갇히신 것을 보고 저희가 찾아가 뵈었습니까?' 그러면 임금은 '분명히 말한다. 너희가 여기 있는 형제 중에 가장 보잘것 없는 사람 하나에게 해준 것이 바로 나에게 해준 것이다' 하고 말할 것이다. 그리고 왼편에 있는 사람들에게는 이렇게 말할 것이다. '이 저주받은 자들아, 나에게서 떠나 악마와 그의 졸

도들을 가두려고 준비한 영원한 불 속에 들어가라. 너희는 내가 주렸을 때에 먹을 것을 주지 않았고, 목말랐을 때에 마실 것을 주지 않았으며 나그네 되었을 때에 따뜻하게 맞이하지 않았고, 헐벗었을 때에 입을 것을 주지 않았으며, 또 병들었을 때나 감옥에 갇혔을 때에 돌보아 주지 않았다.' 이 말을 듣고 그들도 이렇게 대답할 것이다. '주님, 주님께서 언제 굶주리고 목마르셨으며, 언제 나그네 되시고 헐벗으셨으며, 또 언제 병드시고 감옥에 갇히셨기에 저희가 모른 체하고 돌보아 드리지 않았다는 말씀입니까?' 그러면 임금은 '똑똑히 들어라. 여기 있는 형제들 중에 가장 보잘것없는 사람 하나에게 해주지 않은 것이 곧 나에게 해주지 않은 것이다' 하고 말할 것이다. 이리하여 그들은 영원히 벌 받는 곳으로 쫓겨날 것이며, 의인들은 영원한 생명의 나라로 들어갈 것이다. (마태 25:31~46)

그리스도의 몸이 전하는 이야기를 실천하는 것은 공간적 장벽을 무너뜨린다. 세계화된 자본주의와는 전혀 다른 방식으로 말이다. 세계화는 같은 시공간에 전 세계 사람들을 병치하는 지도화에 의존한다. 이러한 병치는 다양한 지역을 서로 경쟁하게 만들면서 그 지역을 좌지우지한다. 동시에 세계의 사람들이 동시대인이며 서로 다르다 해도 큰 문제는 아니라는 착각을 조성한다. 이와는 대조적으로 성찬의 공간에서 우리는 일정한 위치에 병치되는 것이 아니라 서로 동일시된다. 바울이 말했듯 그리스도의 몸 안에서는 "한 지체가 고통을 받으면, 모두가 그와 함께 고통을 받고, 한 지체가 영광을 얻으면 모두가 함께 기뻐하게 된다"(1고린 12:26).[54] 공간적 장벽이 철저하게 붕괴되는 것은 경쟁을 통해서가 아니라 가장 연약한 지체와의 동일시, 가장 연약한 지체를 더 영광스럽게 여기고, 그 지체를 보살핌을 통해 이루어진다고 바울은 말한다. 동시에 타자는 단지 다르기만 한 존재가 아니라 전적으로 다른 존재이다. 그리스도께서는 자신과 고통을 동일시하나(골로 1:24), 그럼에도 그리스도께서는 교회에 타자로 남아 있기 때문이다.*

그러므로 공간의 조직에 있어 성찬은 단지 연합된 인류 이야기를 전하는 것이 아니라 그들에게 실제로 존재하는 장벽에 빛을 비춘다. 부유한 자들이 가난한 이들에게 굴욕을 줘 주의 만찬에 합당하지 않게 참여하는 고린토 교회를 향해 바울은 말한다.

> 여러분 가운데서 바르게 사는 사람들이 환히 드러나려면 여러분 가운데 파당도 있어야 할 것입니다. (1고린 11:19)

---

[54] 제롬 머피-오코너Jerome Murphy-O'Connor는 바울이 '교제'fellowship보다 훨씬 더 많은 것을 염두에 두고 있다고 말하면서, 생명의 공동의 원천인 그리스도의 몸 안에서의 진정한 '공존'co-existence을 강조한다. 공동체는 하나이고, 그리스도는 공동체로 존재한다. Jerome Murphy-O'Connor, 'Eucharist and Community in First Corinthians' in *Living Bread, Saving Cup: Readings on the Eucharist* (Collegeville, MN: The Liturgical Press, 1982), 1~3.

* "나는 여러분을 위하여 기꺼이 고통을 겪고 있습니다. 그리고 나는 그리스도의 몸인 교회를 위하여 그리스도의 남은 고난을 내 몸으로 채우고 있습니다." (골로 1:24)

이 당혹스러운 구절은 현실에서는 다른 이들이 굶주려 있고 일부가 그들의 삶을 뜯어먹고 살고 있으면서도 성찬을 통해 전세계 그리스도인들은 하나로 연합된다는 위선적이고 거짓된 이야기를 고려할 때라야 이해될 수 있다. 남반구 신학자들은 "교회 일치"라는 명령이 종종 최악의 착취를 덮는 위장임을 상기시킨다. 북미의 맥락에서 성찬을 축하하는 많은 행사는 너무나도 자주 세계에 대한 감상주의에 젖고 진부한 소비주의로 인해 식민지화되었다. 세계화 논리는 교회의 전례적 삶 그 자체를 오염시킨다. 그리스도는 다시 성찬 때마다 배반당하신다. 바울은 고린토 교인들에게 성찬의 무분별한 소비가 신자를 병들게 하거나 죽게 할 수도 있다는 점을 상기시킨다(1고린 11:30). 이는 오늘날 우리의 일부 모습을 설명해 주는 것인지도 모른다.

자본을 세계화함으로써 전진된 하나의 연합된 세계를 있다는 것은 허상이다. 이 허상에 저항하는 공간적 규율을 성찬이 어떻게 수행할 수 있는지를 간략하게나마 보여줌으로써 이 글을 마무리하고자 한다. 1977년 2월 13일, 엘살바도르의 루틸리오 그란데Rutilio Grande 신부는 아포파 마을에서 미사 중에 설교했다.

주 하느님께서는 우리에게 경계 없이 모든 이들을 위한 물질적 세계를 주셨습니다. … 어떤 사람은 '엘살바도르의 절반을 사겠다. 내 돈을 좀 보라. 그것은 나에게 그러한 권리를 줄 것이다'라고 말합니다. … 그렇지 않습니다. 그것은 하느님을 부인하는 일입니다. 민중을 대적하는 '권리' 같은 것은 존재하지 않습니다. 물질 세계는 모든 이를 위한 것으로 여기에는 국경과 경계가 없습니다. 성찬의 식탁은 모든 이를 위한 것으로 이 공동의 식탁에는 모든 이를 포용할 수 있을 만큼 넓은 식탁보와 모든 이를 위한 의자가 있습니다. 식탁은 모든 이를 위해 준비되어 있습니다. 그리스도께서 자신의 왕국을 식사로 이야기하신 데는 그럴만한 이유가 있습니다. 그분은 식사에 대해 자주 말씀하셨습니다. 주님은 당신의 위대한 희생 전날 밤 한 식사를 주재하셨습니다. … 그 식사는 그의 위대한 구원을 기념하는 것이라고 말씀하셨습니다. 모든 사람은 이 식탁에서 자신의 자리와 장소를 갖고, 형제자매들은 식사를 함께 나눕니다. … 이것이 자매들과 형제들이 나누는 친교의 사랑입니다. 이 친교의 사랑으로 인해 모든 종류의 장벽과 편견들은 내던져지게 됩니다. 그리고 이 사랑으로 증오 그 자체가 극복되는 날이 언젠가 올 것입니다.[55]

그로부터 한 달이 채 지나지 않아 루틸리오 그란데 신부는 정부가 지원하는 암살단에 의해 총살을 당했다. 이에 대응하여 오스카 로메로 대주교는 주일에 대교구 전체에서 오직 한 차례의 미사, 즉 장례 미사만을 거행하겠다고 선언하는 비상조치를 취

---

[55] Jon Sobrino, *Jesus in Latin America* (Maryknoll, NY: Orbis Books, 1987), 96~97에서 재인용.

했다. 모든 신자, 부유한 자와 가난한 자 모두 성찬에 참여하기 위해서는 단 하나의 공간으로 들어와야만 했다. 엘리트들은 격분한 반응을 보였지만, 로메로는 단호한 입장을 취했다.[56]

그는 부유한 자와 가난한 자를 가르는 공간적 장벽을 무너뜨리는 성찬의 힘에 의지했다. 이 공간적 장벽은 교회가 얼마나 넓은 장소를 차지하는지를 조사해 이를 보편적이고 연합된 것이라고 선언한다고 해서 무너지지 않는다. 오히려 제대 주위 특정 장소로 신자들이 모여, 한 장소와 한 순간에 지상에서 천상의 우주적 보편성catholica이 실현될 때 저 장벽은 무너진다.

---

[56] 단 한 번의 미사를 둘러싼 논쟁은 James R. Brockman, *Romero: A Life* (Maryknoll, NY: Orbis Books, 1989), 9~18에 나와 있다.

| 옮긴이의 말 |

저자에 관하여

윌리엄 캐버너는 정치 신학, 경제 윤리, 교회론 분야에 있어서 독창적인 분석으로 일찍이 주목을 받은 가톨릭 사상가다. 전 캔터베리 대주교 로완 윌리엄스Rowan Williams는 『신학, 정치를 다시 묻다』가 출간되자 "캐버너는 근대 정치의 질병 이면에 자리 잡은 신학적 단층선에 대한 탁월한 해설자로 확고하게 자리 잡았다"고 평한 바 있다. 1963년 태어나 노틀담 대학교에 입학한 캐버너는 원래 화학공학을 전공하려고 했으나 신학에 대한 관심으로 1984년 신학 학위를 받는다. 그리고 영국 케임브리지 대학교에서 『급진적 방법론의 도전: 혼 소브리노와 우고 아스만의 방법론 비교』The Challenge of a Radical Method: A Comparison of the Methodologies of Jon Sobrino and Hugo Assmann라는 제목으로 석사 논문을 작성했다. 석사 학위를 받은 이후에는 칠레 군부 독재 정권 치하에서 2년 간 빈민가에 머무르면서 교회 사목을 경험하기도 했다. 이 시기의 경험은 이후 박사 학위 논문의 주제로 발전하게 된다. 박사 과정은 듀크 대학교에서 밟았으며, 스탠리 하우어워스Stanley Hauerwas의 지도로 학위 논문 『피노체트 치하 칠레에서의 고문과 성찬례』Torture and Eucharist in Pinochet's Chile을 제출하고 1996년 종교학

박사 학위를 취득하게 된다. 그의 박사 논문은 1998년 『고문과 성찬례: 신학, 정치, 그리고 그리스도의 몸』Torture and the Eucharist: Theology, Politics, and the Body of Christ이라는 제목으로 출간되었다.[1] 구약학자 월터 브루그만Walter Brueggemann은 그의 대표작 『예언자적 상상력』Prophetic Imagination 개정판 서문에서 캐버너의 『고문과 성찬례』을 읽고 나서 자신의 "신학적 상상력에 대해 전혀 새로운 이해를 갖게 되었다"고 고백한 바 있다. 이후 캐버너는 미네소타주에 있는 성 토마스 대학에서 15년 동안 가르쳤으며, 현재는 드폴 대학교 신학 교수이자, 세계 가톨릭 연구소장 및 저널 「현대 신학」Modern Theology의 편집인으로 활동하고 있다. 그의 주요 연구 분야는 정치 신학, 경제 윤리, 교회론을 아우르며 『신학, 정치를 다시 묻다』에는 이러한 주제들이 간명하게 드러나 있다.

캐버너는 서문에서 본서의 성격을 "이 주제를 더 깊이 다루기로 약속하는 일종의 약속 어음"으로 규정한 바 있다. 실제로 본서에서 제기한 논점들은 이후 확장된 형태로 출간되었다. 먼저 3장에서 언급된 경제적 세계화라는 현실에서 성찬에서의 먹고 누림(소비)이 어떻게 현대 소비주의와 관련을 맺는지에 대한 주제는 2008년 『소비된 존재』Being Consumed라는 저작으로 출간되었다.[2] 또한 1장에서 제기한 초기 근대 '종교 전쟁'에 대한 대안적

---

[1] William T. Cavanaugh, *Torture and Eucharist: Theology, Politics, and the Body of Christ* (Oxford: Blackwell Publishers, 1998)

[2] William T. Cavanaugh, *Being Consumed: Economics and Christian Desire* (Grand

서사는 2009년 『종교적 폭력이라는 신화』The Myth of Religious Violence
로 출판되었다.[3] 표준화된 세속화 담론을 넘어 성스러움이 교회
에서 국가와 시장으로 전이된 것으로 근대성을 이해하는 문제의
식은 『성스러움의 전이』Migrations of the Holy에 반영되었다.[4] 2016년
에는 본서의 문제의식을 갱신하면서 프란체스코 교종의 '야전병
원' 발언에 호응하여 『야전병원』Field Hospital을 펴냈다.[5] 이밖에도
그는 몇몇 현대 정치 신학 선집 저작들을 편집했다.[6]

'신 밖에는 신에 맞설 자가 없다'nemo contra deum nisi deus ipse

초대 교부 테르툴리아누스Tertulian는 그리스 철학과 신화적 세
계관을 빌려 살던 로마 한복판에서 그리스도교 신앙과 신학의
정당한 자리가 어디인지를 질문했다. "예루살렘과 아테네가 도
대체 무슨 상관인가?" 오늘날에는 철학뿐 아니라 과학을 비롯한
다양한 학문과 관계 속에서 그리스도교 신앙과 신학은 자리매김

Rapids, Michigan: Eerdmans Publishing, 2008)

[3] William T. Cavanaugh, *The Myth of Religious Violence: Secular Ideology and the Roots of Modern Conflict* (Oxford: Oxford University Press, 2009)

[4] William T. Cavanaugh, *Migrations of the Holy* (Grand Rapids, Michigan: Eerdmans Publishing, 2011)

[5] William T. Cavanaugh, *Field Hospital: The Church's Engagement With a Wounded World* (Grand Rapids, Michigan: Eerdmans Publishing, 2016)

[6] William T. Cavanaugh, Jeffery W. Bailey, and Craig Hovey, eds. *An Eerdmans Reader in Contemporary Political Theology* (Grand Rapids, Michigan: Eerdmans Publishing, 2012), Peter Scott and William Cavanaugh, eds. *The Blackwell Companion to Political Theology* (Oxford: Blackwell Publishing, 2004)

을 요청받고 있다. 이와 관련하여 어떤 이들은 다음과 같은 질문을 할지도 모르겠다. '아담과 진화론이 무슨 상관인가?', '예배당과 광화문 광장은 도대체 무슨 상관인가?' 연일 보도되는 매체에서 종교와 정치에 관한 여러 소식이 들려오지만, 양자의 관계를 온전히 설명하는 답을 찾기란 쉽지 않다. 지난 세기 정치 신학이라는 용법을 인문사회과학 학계에 퍼뜨리는 데 결정적인 역할을 했던 칼 슈미트Carl Schmitt는 『정치 신학 II』에서 괴테의 회고록 『시와 진실』 4권 논제인 "신 밖에는 신에 맞설 자가 없다"를 원용한 바 있다. 성스러움에 대한 다양한 이해 및 신념은 정치적 장에서 서로 격돌하면서 정치의 종교화, 종교의 정치화 현상을 낳는다.

정치와 종교, 정치 철학과 정치 신학의 관계를 둘러싼 탐구는 오늘날 개인 일상과 정치 공동체, 국제 관계에 이르는 다양한 갈등 원인의 맥락을 이해하고, 해결 방안을 모색하는 데 있어 중요한 주제로 자리매김했다. 가령 공론장에서 제기되는 종교의 신념 문제와 혐오의 정치, 종교적 금기와 언론의 자유 관계 등은 '문화 전쟁'의 뜨거운 쟁점으로 부각된다. 국제 정치 분야로 논의를 확장해 보면 테러와 내전, 전쟁 정치로 극단화된 정치 투쟁에는 종교집단의 정치세력화 문제뿐만 아니라 글로벌 자본주의의 물신 숭배와 같은 정치경제의 종교성이 함께 드러난다. 아울러 세계 정치에서 종교와 정치의 매트릭스가 갈등의 기폭제가될 것인지 평화의 도화선이 될 것인지에 대한 실천적 관심 역시 중요하게 제기되고 있다.

정치와 종교 관계를 보다 근원적으로 탐구하고 포괄적인 인식 지평을 확보하기 위해서는 종교 문제를 시민 사회의 한 영역으로 간주하거나, 통치 이데올로기를 정당화하는 기제나 이에 저항하는 사회 운동 차원을 넘어선 연구가 필요하다. 이른바 세속화 테제를 자명한 것으로 간주하지 않고 세속 근대성과 분화 논리 그 자체를 탐구 대상으로 삼는, 신학-정치적 상상에 대한 연구들이 진행되고 있는 것은 바로 이 때문이다. 근대의 신학-정치적 상상 연구 흐름은 근대 이후에도 정치 신학의 권력 효과가 지속되고 있다는 문제의식을 바탕으로 논의가 전개된다. 신을 쫓아냈다 하더라도 여전히 신의 자리는 남아 있으며, 그 자리에 의미를 부여하는 믿음의 자리 역시 상존한다. 이와 같은 맥락에서 마키아벨리, 홉스를 비롯한 초기 근대 사상가들의 정치 신학적 문제의식을 담은 논의가 오늘날 활발하게 개진되고 있다. 가령 홉스의 사회계약론과 그의 종말론적 구원론의 상관관계는 새롭게 학자들의 주목을 받아 탐구되고 있다. 보다 구체적으로 인간의 타락과 구원을 둘러싼 신학적 대표 개념과 홉스의 정치적 대표 개념의 상관관계, 홉스의 정치적 메시아니즘 혹은 세속화된 종말론 등이 논의되고 있다.[7] 하지만 근대 정치 사상에 있

---

[7] Sarah Mortimer, 'Christianity and Civil Religion in Hobbes's Leviathan' in *The Oxford Handbook of Hobbes* (Oxford University, 2016), Eric Nelson, 'Representation and the Fall', *Modern Intellectual History* 15 (2018), Arash Abizadeh, 'Hobbes's Conventionalist Theology, the Trinity, and God as an Artificial Person by Fictio', *The Historical Journal* 60.

어 정치 신학적 문제의식을 담아 국내에 소개된 도서는 여전히 충분하지 못한 실정이다. 이러한 면에서 캐버너의 『신학, 정치를 다시 묻다 – 근대의 신학-정치적 상상과 성찬의 정치학(원제: 신학-정치적 상상)』의 출간은 반가운 일이다.

『신학, 정치를 다시 묻다』: 근대의 신학-정치적 상상과 성찬의 정치학

캐버너는 그리스도교 교회가 사람들을 고통으로 내모는 '세상', 즉 정치적인 억압체제와 약탈적 경제 지배 질서를 도전하기보다 도리어 '세상'을 닮아가는 모습에 탄식한다. 그는 기아와 빈곤의 현실은 외면한 채로 그리스도인의 일치와 사랑을 말하고, 성찬에서 빵과 포도주를 나누는 행위를 "최악의 착취를 덮는 위장"(194)이라고 강렬하게 비판한다. 또한 그는 종교를 공적인 것과 무관한 것으로 간주하는 종교의 사사화 담론을 반대하면서 교회의 교회다움을 정치적 차원에서 복원시키고자 한다. 이러한 점에서 캐버너는 미국의 풀뿌리 시민운동에 중요한 실천가이자 미네소타 대학의 민주주의와 시민의식 센터장인 해리 보이트가 전개한 대중운동에 찬사를 보낸다. "보이트가 시도하는 대중운동 그리고 교회를 국가의 패권에서 벗어난 잠재적 '자유 공간'으로 평가했다는 점에 나는 깊이 공감한다."(118)

현재 진행 중인 '공공 신학'에 대한 캐버너의 비판적 논평(본서 2장)이 무엇이든지 간에 그의 의도가 인간의 번영human flourishing 을 도모하는 그리스도의 사랑이 공적 공간에 활발하게 나타나는 것임은 분명해 보인다. 그는 『신학, 정치를 다시 묻다』 이후 출간된 저작에서도 공적 영역에서의 교회의 참여를 호소한 바 있다. 프란치스코 교종이 교회가 안온한 성전에 머무르지 않고, 거리에서 상처받고 더러워지는 '야전병원'field hospital이 되어 그리스도를 따르는 제자 공동체로 살아가자고 발언하자 캐버너는 이에 호응하여 『야전병원』을 집필하고, 교회가 "세상에 나가 다른 사람들의 고통을 그리스도의 고통 받는 몸으로 받아들이면서 상처를 싸매는 것"을 돕는 것을 마음에 그린다.[8] 그는 여기에서 멈추지 않고 신학자로서 '정치를 다시 묻는다'. 캐버너는 눈에 보이는 정치적 기관들이 모든 정치적 현실을 포괄할 수 없다는 점을 상기시키면서 신학-정치적 상상에 관여한다.

> 어떻게 해서 지방 농촌에 살고 있던 한 소년이 병사가 되어 세계 다른 지역으로 이동해 자신이 전혀 알지 못하는 이들을 죽여야 한다는 이야기에 설득되는 것일까? 이를 위해서 그는 국경의 실체를 확신해야 하고, 각 경계선 위에 우뚝 서 있는 더 넓은 국가 공동체와 자신이 깊고도 신비로운 연합을 이루고 있음을 상상해야 한다. (12)

캐버너는 국가와 시민 사회, 세계화 담론에 대한 세속의 주류

---

[8] William T. Cavanaugh, *Field Hospital: The Church's Engagement with a Wounded World* (Grand Rapids, MI: Eerdmans, 2016) 5.

서사를 당연한 것으로 받아들이기를 거절한다. 지금 우리가 처한 현실이 문제적이라면, "문제를 만들었을 때 생각했던 방법으로는 문제를 해결할 수 없다"는 인식에 기초한 것이다. 이미 주어진 설정 안에서 알고 있다고 간주한 신앙 실천을 강화하고 발전시키는 것만큼이나, 중요한 것은 문제 자체를 새롭게 볼 수 있는 인식의 지평을 심화하는 작업이다. 그는 그리스도교 이야기에 뿌리내린 대안적인 정치적 상상을 제안한다. 국가와 시민 사회, 세계화는 "신학적으로 깊은 유사성을 지닌 인간 본성과 인간 운명에 관한 이야기를 중심으로" 조직된 것이기 때문에, "달리 말하면 '세속적인' 정치 이론은 실제로는 위장한 신학"(13)이기 때문이다.

1.

　1장에서 그는 근대 세속화라는 '일반적 통념'conventional wisdom과는 다른 시각에서 초기 근대의 국민 국가의 탄생과 관련된 서사를 조망한다. 표준화된 세속화 담론은 다음과 같다. 근대의 정교 분리 원칙은 종교 전쟁의 트라우마를 경험한 유럽의 정치적 맥락 속에서 선언되었다. 중세적 종합 체계에서 국가는 교회의 주권을 침해하지 않는 동시에 '정통' 신앙을 수호해 줄 것이라는 기대를 받았다. 종교개혁을 경유하면서, 종교적 통일성은 깨졌고, 이에 따른 정치적 위기도 심화되었다. 저마다 호소하는 궁극적인 '정통' 권위가 달랐기 때문이다. "이야기는 단순하다. 종교개혁으로 정치사회의 종교적 공감대가 산산이 조각나자, 종교로 인해 고양된 열정이 풀려나게 되었고 가톨릭 신자들과 새로 탄생한 프로테스탄트 신자들이 각자 교리에 대한 충성을 명분 삼아 서로를 살해하기 시작했다."(44) 결국 문제의 원인은 종교적 광신에 있었고, 문제 해결은 (나라마다 변이가 존재하기는 하지만) 국민 국가 중심의 세계를 조직하는 것이었다. 종교적 권위체에 가해지는 정치적 제한은 자연스러운 귀결이었다. 종교 전쟁에서 사람들을 광신적 교회 세력으로부터 구원한 것은 세속화된 국가였다.

캐버너는 표준화된 세속화 담론이 실재의 폭을 대단히 제한된 형태로 축소해 왔다고 비판한다. 그는 사태의 핵심은 세계의 세속화가 아니라 "성스러운 것의 전이"에 있다고 지적한다.[9] "근대에 성스러운 것은 교회에서 국가와 시장으로 이전했을 뿐이다."[10] 그는 먼저 근대 국가 담론의 지적 토대를 놓은 것으로 평가받는 '계약론자'들의 논의를 검토한다. 캐버너는 홉스, 로크, 루소의 사회계약론을 신학적 관점에서 검토한 이후에 그들이 "이야기하는 자연 상태의 본질적 개인주의는 창세기 1~2장에 대한 그리스도교적 해석에서 발견되는 인류의 창조된 연합", 곧 유

---

[9] 캐버너의 이러한 논지를 확대한 작업으로는 William T. Cavanaugh, *Migrations of the Holy: God, State, and the Political Meaning of the Church* (Grand Rapids, MI: Eerdmans, 2011)을 참조하라.

[10] William T. Cavanaugh, *Field Hospital: The Church's Engagement with a Wounded World*, 223.

기적이면서도 개별성을 손상시키지 않는 공동체와 대비를 이룬다는 점을 지적한다(41). 그는 근대 국가의 이야기mythos가 단순히 세속적 담론을 넘어 "경쟁하는 개인들 사이에서 평화"의 문제를 다루는 구원론이라는 점을 주목한 후, 근대 국가라는 단체(몸들)가 "그리스도의 몸의 거짓 사본"이라고 지적한다.

근대 국가의 '구원론'을 설명한 다음, 캐버너는 종교 전쟁의 서사를 재구성한다. 종교 전쟁이라는 불을 지른 방화범이 '종교 세력'이고, 소방수가 '근대 국가'라는 통념에 반대하면서 그는 이 이야기를 거꾸로 뒤집는다.

> '종교 전쟁'은 근대 국가의 탄생을 필요로 한 사건이 아니었다. '종교 전쟁'은 그 자체가 국가의 산고産苦였다. 이 전쟁은 단순히 '프로테스탄트주의'와 '가톨릭주의' 사이에 일어난 갈등이 아니었으며 중세 교회 질서의 부패한 잔재들 너머로 신흥 국가들이 자신의 지위 확대를 위해 일으킨 거대한 싸움이었다. (47)

이는 종교적 교리로 인해 폭력 사태가 발생하지 않았음을 의미하지는 않는다. 다만 근대 국가의 형성 과정에서 교리적 차이로 인한 갈등을 국가가 총괄하고 있음을 주목한다. "새로운 국가는 국경 내에서 도전받지 않는 권위를 요구했고, 그래서 교회를 길들이고자 했다."(76) 이는 근대 유럽 형성기에 종교 개념 자체가 새롭게 창조된 것과 무관하지 않았다. 저자에 따르면 근대 이전의 중세 전통에서는 종교가 공동의 실천을 수행하는 교회와 분리되지 않은 미덕이었지만 근대를 기점으로 종교는 교회적 실천과 무관한 보편적 차원의 내면성으로 개념화되었다. 이때 교회가 사적인 공간에서 종교의 자유를 확보하고 있는지는 문제가 되지 않는다. "이미 국가 경계 내에서 교회의 관할권을 제한한 곳이라면" 굳이 국가가 종교의 "멍에를 내던질 필요가 없다는" 점을 세속 권력은 잘 알고 있었기 때문이다(53~54). 관건은 신성화된 국가에 정치적 도전을 가할 수 있는 구조의 여부였다. 정치가 "(국가라는 중심으로 모이는) 구심적인 것으로 남아 있는 한, 직접적이든 간접적이든 국가에 영향을 주려는 시도를 통해 그리스도교의 사사화를 극복하려는 것처럼 헛된 일도 없다"(82). 캐버너는 교회가 '종교의 사사화'라는 밀실에 갇히지 말고 공적 영역으로 진입하자는 당위적 가르침을 넘어 한층 더 깊은 차원에서 종교의 사사화가 전개된 역사적 경로를 다시 추적한다.

1장에서 캐버너가 제시하는 대안은 국가의 탈신성화de-sacralization와 교회의 재정치화re-politicization로 요약된다. 먼저 그는 근대 국가가 제시한 구원론의 후광을 벗겨내는 데 집중한다.

> 역사 속에서 근대 세속 국가는 우발적으로 등장했으며 이전 못지않은, 더 많은 폭력을 낳았다. (19)

프리드리히 휠덜린Friedrich Hölderlin의 표현을 빌리자면 "국가를 지상의 지옥으로 만드는 것은 바로 국가를 천국으로 만들려고 하는 인간의 시도였다." 근대 세속 국가를 중심으로 전개되는 사회적 상상에서는 "'외국' 마을에 산탄식 폭탄을 투하하는 것은 완벽하게 합리적인 행동으로 이해되었고 공적인 장에서 '종교적인' 문제에 이의를 제기하는 것은 완벽하게 불합리한 행동이 되었다"(78). 근대 세속 국가가 주도하는 전쟁의 잔혹성이 이른바 '종교 전쟁' 못지않다는 점을 부각한 후 캐버너는 교회의 정치적 성격을 회복할 것을 주창한다. 물론 그는 폭력을 사용했던 과거 교회의 정치 행태와는 선을 긋는다. 캐버너가 제시하는 교회의 정치성은 "국가의 공공 정책 수립에 교회의 의견을 반영하는 전략을 넘어서야 한다는 것을 뜻한다"(81~82). 국가의 잘못된 질서에 도전하는 교회의 실천 중심에는 성찬이라는 공적 전례가 놓여 있다. 성찬을 통해 하느님 도성의 '초국가적' 동료 시민 의식을 경험하게 될 때, 이는 근대 국경으로 경계 지워진 자연적 · 사회적 분열을 뛰어넘는 원천이 된다. 또한 성찬에서는 근대의 계약 관계를 뛰어넘는 하느님의 선물의 경제를 맛보게 된다. 저자는 국가의 실천과 교회의 실천 사이에 있는 근본적인 긴장을 망각한 채 '중립적'(이라고 말하지만 실제로는 '구세주를 자처하는') 국가에 포섭되는 그리스도인들을 향해 경고음을 울린다.

진정한 평화는 이러한 갈등을 봉합하느냐의 여부에 달린 것이 아니라 저 갈등의 심각함과 긴급함에 대한 감각을 회복하느냐

에 달려있다. (91)

2.

캐버너는 미국 공공 신학의 두 가지 흐름(머레이주의 모델과 보이트 모델)에 대해 비판적으로 숙고한다. 두 모델은 '정치적이지는 않으나 공적인'public without being political 영역에 관여하는 공공 신학으로 호명된다. 이들은 먼저 '정치적인' 국가 권력과 '공적인' 시민 사회를 구별하고, 다음으로 강압적인 국가 권력과는 구별되는 시민 사회의 공적 공간에서 활동하고자 한다. 이러한 시도는 공적 영역에 참여하는 그리스도인들에게 선호된다. 한편으로 개인의 안위에만 매몰되지 않은 채 시민적 참여를 독려할 수 있고, 다른 한편으로는 정치 권력을 탐욕스럽게 장악하는 방식을 피할 수 있기 때문이다. 캐버너 역시 "콘스탄티누스의 방식(강제)도 아니고, 사사화되는 방식(도피)도 아닌 형태로" 교회의 공적 참여를 고심해야 한다는 입장에는 전적으로 동의한다. 또한 저자는 이러한 영역에서 헌신하는 이들의 노고에 찬사를 보낸다. 사적 담론이라는 게토에서 벗어나고자 했던 이들, 특히 풀뿌리 민주주의의 대중화를 선도적으로 이끌었던 해리 보이트의 시도는 "풀뿌리 시민운동의 권한 강화를 통한 미국 민주주의 갱신"에 기여했을 뿐 아니라, "교회에 공적인 존재감을 부여하려는 시도임이 분명하다"(118).

하지만 캐버너는 '정치적이지는 않으나 공적인' 공공 신학의 두 가지 모델이 '충분히 공적이지 못하다'는 비판을 개진한다. (비록 보이트 모델에 관해서는 동조와 비판 사이에서 상당한 정도로 주의를 기울이긴 하지만 말이다.) 먼저 이들은 부적절한 방식으로 정치적인 것과 공적인 것을 구분하고 '정치화' 혹은 권력 투쟁 전반에 대해 부정적으로 묘사하고 있다. 무엇보다도 이른바 '정치적이지 않은 공공' 신학은 "국가와 사회의 상호 침투에 관해서는 과묵"하다는 점에 문제가 있다. 저자에 따르면, 권력 정치의 흐름으로부터 시민 사회가 자유로운 것 마냥, 또한 시민 사회에서 국가 권력을 향해 의미심장한 영향력을 행사할 수 있는 것인 양 생각하는 것은 공론장에 대한 '환상' 혹은 적어도 과대평가다. 후기 자본주의 사회에서 시민 사회와 국가는 블랙홀처럼 자본의 논리 안으로 빨려 들어간다는 점을 고려한다면 더더욱 말이다.

> 문화는 시장 논리에 순응하고 정치적 장치들은 자본이 작동할 공간을 만들어 내는 데 활용된다. 공적 담론들에서는 점점 더 축적의 논리가 힘을 얻는다. (120)

캐버너는 근대 국가의 탄생과정과 운영 안에서 나타나는 권력의 테크놀로지를 분석한다. 그는 먼저 찰스 틸리의 역사사회학 논의를 참조하면서, 국가 권력이 '중립적' 제도라는 환상을 깨뜨린다. 캐버너는 "조직화된 범죄"로서 근대 국가 형성 논의를 통해 1장에서 제기한 근대 국가의 폭력의 존재론, 즉 '폭력이 구원한다는 신화'the myth of redemptive violence에 대해서도 폭로를 이어 간다.

> 국가는 막대한 재산을 갈취하고 국경 안과 밖에서 일어나는 폭 력으로부터 시민을 보호하는 대가로 시민을 전장에 내보내 죽 이고 죽게 하는 권한을 무리하게 행사한다. 국가의 전쟁 만들 기가 '보호'에서 '갈취 행위'로 전환되는 것은 국가가 종종 자신 이 만들어낸 위협으로부터 자기 자신을 방어한다는 사실에서 드러난다. (125)

나아가 캐버너는 푸코를 참조하면서 국가 권력과 독립적인 시민 광장을 통해 영향력을 행사하겠다는 교회의 포부가 사실은 국가 프로젝트의 일환으로 활용된다는 점을 드러낸다.

> 정당, 노동조합, 학교, 기업, 교회, 교도소 등 시민 사회의 제 도와 기관들은 국가 프로젝트를 실현하는 교육적인 혹은 규율 적인 기능을 가지고 있다. (129)

또한 근대 세계의 유일신으로 등극한 자본은 국가, 기업, 시민 사회를 식민화하면서 서로를 동화시킨다. 기업체에서 경영 관리 차원에서 이루어지는 고객 관리와 대형화된 교회에서 전개되는 경영 문화는 식별이 어려울 정도이다.

캐버너는 종교를 공적으로 만드는 시도의 문제가 근대성의 분화 논리를 자명한 것으로 수용하는 데서 비롯한다고 지적한다. 종교를 단순히 정치와 경제의 부수 현상으로 환원하지 않고, 독립적이고 보편적인 영역으로 보존하려는 시도는 아이러니하게도 그 이면에 종교를 권력과 담론에서 배제하는 작업과 결부되어 있다. 이는 근대 종교 개념의 탄생과 관련을 맺고 있다. 근대에 탄생한 "종교는 어떠한 신념을 갖고 있든지 간에 모든 시민이 국가를 그들의 최우선 공동체로 간주하는데 필요한 동기를 제공하며 따라서 평화적인 합의를 도출할 수 있다"(135). 종교를 정치와 분리한 채 보편적인 성격을 띠고 있는 것으로 간주하고 이를 국가의 공동선에 종속시킨 작업은 "교회를 길들이기 위해 고안된 서구 근대성의 창조물이다"(136~137).

여기에서 캐버너는 제자도discipleship와 시민성citizenship의 관계에 대한 논의를 재개한다. 일찍이 막스 베버는 신념 윤리와 책임 윤리의 긴장을 설명하면서 산상수훈에 따르는 삶과 정치가의 삶을 대비시킨 바 있다. 캐버너 역시 제자도와 시민성의 긴장 관계를 다시 주목할 필요가 있다는 점을 강조한다. 하지만 이는 정치적 결정에 있어 숙고의 필요성을 폄하해서가 아니다. 시민 교양을 결여한 채 타자를 억압하는 '무례한' 그리스도교 신자를 양성하기 위함은 더더욱 아니다. 도리어 그리스도교 제자도는 자신의 가정을 개방하고 식탁을 나누는 환대를 통해 "삼위일체적 삶을 반영하는 '인격의 공동체'를 온 세계로 확장함으로써 세계를 가정처럼 되게" 한다. "그렇게 교회는 현대의 조건인 무주택과 무질서를 치유한다"(153). 그리스도를 따르는 제자도는 몸과 분리되어 있지 않다. "미덕은 하느님께 봉사하는 그리스도인을 형성하는 실천 가운데 몸과 영혼의 전인격을 연결한다."(145)

캐버너가 우려하는 바는 하느님의 도성을 순례하는 그리스도의 제자도의 독특성은 소거된 채 그리스도인이 지상의 도성에서 문화적 시민이 되는 수준에서 만족하는 것이다. 아울러 그는 단지 자발적 결사체로 환원되는 허약한 교회론을 산출하려는 시도를 비판한다. 이러한 차원에서 제자도의 회복은 교회 공동체 존재 자체가 공적이라는 감각을 회복하기 위해서 필수적이다. 캐버너는 아우구스티누스적 감각을 회복할 것을 주창한다.

> 이 감각에 따르면 교회는 그 자체로 이 땅에 있는 도성의 시민성과 일종의 긴장을 이루는 대안 '공간' 혹은 일련의 실천이다. (138)

캐버너는 "하느님을 합당하게 대하지 않고 정의 행하기를 거부함으로써 자신이 참으로 공적인 것이라는 주장을 박탈당"한 지상 제국의 규율과 대비되는 교회의 제자도 규율을 제시한다(138). 리바이어던의 제자들을 창출하는 근대 국가의 규율과 달리 교회의 규율은 그리스도의 평화를 전하는 제자들을 빚어낸다. 순교자 오스카 로메로Oscar Romero 대주교는 교회의 규율과 국가의 규율의 긴장 관계를 명확하게 이해하고 있었다.

> 탄압과 공포에 근거한 사이비 평화, 거짓 질서와 협력하라는
> 요청을 받을 때 우리는 하느님께서 원하시는 유일한 질서와 유
> 일한 평화가 진리와 정의에 바탕을 두고 있다는 점을 기억해야
> 만 합니다. 이러한 대안에 앞서 우리의 선택은 분명합니다. 우
> 리는 인간이 아닌 하느님의 명령을 따를 것입니다. (146)

아울러 교회를 '공적'일 뿐 아니라 '공간'으로 말한다는 것은
"그리스도인들이 공간을 구성하는 방식을 변화시키는 이야기를
한다는 것을 뜻한다"(153). 하느님의 구원 이야기로 빚어지고, 그
리스도의 몸이 형성되는 이야기는 전례를 통해서 이루어진다.
"전례는 그리스도의 몸을 생성해 낸다. 앙리 드 뤼박의 말을 빌
려 말하면 성찬은 교회를 만든다."(137) 그렇다면 교회 바깥에 있
는 이들과 대화하는 방식은 어떻게 이루어지는가. 캐버너는 제
자도의 언어를 "상대방의 입장을 추정해 '중립적인' 언어로 번
역"하려고 하기보다 "구체적인 실천을 통해서 대화할 것"(154)을
제안한다. "우리가 상실한 것은 시간 안에서 하느님의 도성들,
참으로 자유로운 대안 공간을 창출함으로써 국가와 개인의 음
울한 관계 방식에 근본적으로 도전할 수 있는 진지한 가능성이
다."(155)

3.

초기 근대 국가 형성 신화와 근대 자본주의의 규율 권력 기제를 살펴본 이후에 캐버너는 끝으로 후기 근대에서 세계화라는 현실을 신학-정치적 관점에서 조망한다. 대량 생산, 대량 소비를 특징으로 하는 포드주의 시대에 통용되던 근대 권력의 테크놀로지는 세계화 시대 다양성과 유연성을 특징으로 한 포스트 포드주의 체제에서는 다른 양상을 띠면서 작동되고 있었다.

캐버너는 보편과 지역에 대한 세계화의 지도화 작업을 교회의 시공간에 대한 상상과 대비시킨다. 세계화는 일견 국민 국가의 경계를 넘어 새로운 보편성을 여는 것처럼 보이지만, 다른 한편에서 보면 국민 국가의 통제가 과도하게 확장된 것이다. "국가가 지역 관습의 '개입'에서 시장을 자유롭게 하고 표준화된 법률 및 통화 체제를 기반으로 개인이 다른 개인들과 관계를 맺게 하듯, 세계화는 국민 국가에서 상업을 자유롭게 한다."(169) 현시대를 특징짓는 용어는 사회의 '맥도날드화'로, 이는 효율성, 계산 가능성, 예측 가능성, 통제를 제공하면서 성공을 거둔 경영 원리에서 착안해서 "패스트푸드점의 원리가 미국 사회와 그 밖의 세계의 더욱더 많은 부문을 지배하게 되는 과정"을 의미한다.[11] 글로벌 자본주의는 거짓된 환상을 자아내는 지도화 작업을 하는데, "특정 장소가 '진짜'라고 주장하면 주장할수록 그곳

---

[11] 조지 리처, 『맥도날드 그리고 맥도날드화』, (서울: 시유사, 1999), 22.

은 스스로 원본이 존재하지 않는 사본의 사본인 시뮬라크룸임을 더 드러낸다". 세계적 차원에서 이루어지는 지도화는 다양한 전통과 문화를 하나의 시공간에 결합하면서 다양성의 환상을 만들어낸다. 세계 경제는 욕망의 생산을 그 자체의 목적으로 하면서 이미지조차 끊임없이 상품화하고, 상품은 빠른 회전율을 보이면서 상품화 소비 과정을 반복한다. "그 결과 주체는 급격하게 중심에서 이탈해 해체되고 관련 없는 이미지들의 바다에서 표류하게 된다. 정체성이 과거, 현재, 미래를 일관성 있게 조직해내는 이야기로 통합함으로써 구축된다면 덧없는 이미지와 급속한 변화는 인간에게서 이러한 능력을 앗아간다."(178)

캐버너는 세계화에 맞서 성찬의 정치학을 제시한다. 글로벌 자본주의가 지배하는 질서와 달리 가톨릭 보편성은 특수와 보편이 유기적으로 하나를 이룬다. 성찬은 중심인 동시에 탈중심적이다. 이것은 성찬이 시행되는 모든 지역 공동체는 그곳이 어디든지 중심이라는 의미이다. 성찬이 거행되는 곳, 그 어느 때나 그리스도의 몸은 일부가 아닌 전체로서 함께 하신다. 또한 교회의 보편성은 공간을 확장하는데 의존하지 않는다. "카타콤에서 모인 교회는 콘스탄티누스의 병거를 타고 당시 사람들에게 알려져 있던 세계의 끝까지 간 교회만큼이나 보편적이었다."(180) 세계주의에 맞서는 방식으로 지역 공동체에서 거행되는 성찬을 강조하는 것은 특정 장소에 얽매인 분파주의적 시도가 아닌가 하는 의구심에 관해 저자는 다음과 같이 답변한다. "성찬으로 구현된 보편성은 장소 그 자체가 아니라 장소에 대한 특정한 공간을 운영하는 수행 이야기다."(187) 공간 이야기는 특정한 장소나 영토를 방어하려고 애쓰지 않는다. 영역 다툼에 몰두하는 대신 순례자는 특정한 장소를 통과하면서 제자도의 실천을 통해 그 장소를 다른 공간으로 변화시킨다. 순례의 걸음이 반드시 지리적 의미에서의 탈주를 의미하는 것은 아니다. 도리어 특정 지역으로부터 이탈된 초超이동성 글로벌 경제 속에서 교회는 정주함으로써 저항한다. 수도원과 무료 급식소는 거의 움직임이 없어 보이지만 '시간을 가로질러가는' 순례의 발걸음의 한 가지 방식을 보여준다.

하느님 도성을 향한 순례의 오솔길을 걷는 이들이 함께 나누는 성찬은 세계자본주의가 지도화한 공간적 · 시간적 장벽들을 허물어뜨린다. 성찬은 "그리스도의 죽음과 부활에서 그의 피를 통해 형성된 새로운 언약, 그리고 모든 피조 세계가 마주하게 될 미래의 운명에 이르는 우주적인 규모의 서사를 이야기할 뿐 아니라 그 서사를 상연한다"(186). 성찬에서 먹고 마시는 이들은 그리스도의 살과 피로 구성된 공간을 걷는다. "지역이라는 공간의 특정한 틈새에서 그리스도의 우주적인 몸의 침입을 통해 속세의 풍경은 변화된다. 모퉁이를 돌면 노숙자를 통해 우주적 그리스도가 나타나셔서 커피 한 잔을 청한다. 굶주리거나 목마른 이, 나그네나 헐벗은 이, 병든 이, 옥에 갇힌 이와 같은 가장 취약한 이들의 모습으로 나타난 그리스도께서는 이 공간을 끊임없이 뒤

흔든다."(191)

『신학, 정치를 다시 묻다』에서 생각해 볼 지점

쉘던 월린Sheldon S. Wolin에 따르면 서구의 정치 전통에서 그리
스도교 사상이 갖는 의미는 대안적 질서를 제시한 데 있다. 그
리스도교는 대안적 시공간의 창조를 통해 정치 질서에 영향을
미쳤다. 먼저 시간에 대한 새로운 개념의 도입과 관련해서 그리
스도교 공동체는 궁극적 지향점이 역사 안의 시공간을 넘어 존
재한다고 상정했다. 또한 초기 그리스도교인들은 "충성심이 충
돌하는 경우에 기존 정치 질서에 대한 진정한 대안이 존재한다
는 주장"을 내세웠는데, 이렇게 새로 결속된 대안-왕국Counter-
Kingdom은 "전통적인 정치 사상을 교란하는 효과를 낳았다". 대
안적인 시공간에서의 연대에 대한 이상은 서구 정치 사상 전통
에 영속적인 각인을 남겼다.[12] 교회의 구성원을 하나로 연합시켰
던 것은 성찬의 신비였다. 이는 근대 정치 사회가 민족의 신비를
내세우면서 구성원을 연대시키고 융합한 것과 비견된다.

캐버너는 제자도discipleship와 시민성citizenship의 긴장을 재개함
으로써 초기 그리스도교 사상이 서구 정치 전통에 가했던 충격
을 상기시킨다. 초기부터 그리스도인들의 정치적 태도에는 하늘
의 시민권을 부여받은 소명에 따라 지상의 시민권과 긴장 관계

---

[12] 쉘던 월린, 『정치와 비전1』 (서울: 후마니타스, 2007), 176, 168

가 조성되어 있었다. 특히 하느님 도성의 평화의 왕인 그리스도가 지상 제국에서 국사범으로 처형당했다는 점은 지상 정치 질서와의 대결의 불가피성을 시사하고 있었다.[13] 캐버너가 근본적으로 제기하는 논점은 낯설고 때로는 우리의 판단을 뒤흔드는 하느님의 도성으로의 부르심은 소거한 채로 문화적 그리스도교 세계에서 평준화된 방식으로 살아가는 이들에게 도전을 가한다. 그는 매끈한 방식으로 인정받으면서 다른 이들과 보조를 맞추는 데 머무르기보다 설령 동료 시민과 보조를 맞추지 못하더라도 천상의 소리를 듣고, 듣고 있는 음악에 발을 맞출 것을 호소한다. 그가 지상 도성과 대비시키면서 제시하는 하느님 도성의 제자도의 사례는 폭력 앞에서 평화를 전하는 발걸음, 십자가의 도를 전하다 순교한 로메로 대주교이다. 그리스도교 규율의 본령은 이 땅의 영광의 면류관이 아닌 고난의 십자가임을 캐버너는 지적한다.

캐버너는 고문과 성찬에 대한 연구를 통해 잔혹한 국가의 신체적 규율과 교회의 무관심, 진정한 그리스도의 몸의 회복을 논의한 바 있다.[14] 칠레의 피노체트 정권에서 자행된 고문은 국가

---

13 가톨릭교회가 명말 세력 확장을 꾀하던 무렵 중국의 유학자들은 그리스도교를 비판했던 점 가운데 하나는 '어떻게 국사범을 종교의 창시자로 신봉하는 이들을 수용할 수 있는지'에 대한 물음이었다. 서창치, 우가이 테츠죠우 엮음, 『파사집: 17세기 중국인의 기독교 비판』(서울: 일조각, 2018) 동아시아 전통에서는 국가를 대신할 수 있는 대안적 정치 질서에 대한 상상이 낯설었다.

14 William T. Cavanaugh, *Torture and Eucharist: Theology, Politics, and the Body of*

가 주도하는 전례였으며, 이는 참된 그리스도의 몸을 대적하는 '반-전례'anti-liturgy였다. 그럼에도 불구하고 국가 폭력 앞에 칠레 교회는 무력했는데, 이는 부분적으로는 '영혼은 교회의 것이지만, 몸은 국가의 것이라는' 적절하지 않은 교회론에 경도되었기 때문이었다. "그러나 어느 때인가부터 교회의 주교들은, 공동체를 일으켜 세우는 성만찬의 기적이 하느님 통치의 수단이며 또 정부에 맞서는 저항 공동체들을 일으켜 세우는 실제적 도구라는 사실을 깨닫기 시작했다."[15] 캐버너는 성찬을 통해 참된 그리스도의 몸을 회복하는 것이 공적으로 정권과 대결하는 정치적 행동이라는 점을 드러냈다.

일레인 스캐리Elaine Scarry에 따르면 "심한 고통은 한 사람의 자아와 세계를 분쇄한다. 자아와 세계의 분쇄는 우주가 몸 바로 옆까지 수축하는 것처럼, 아니면 몸이 부풀어 우주 전체를 채우는 것처럼 공간적으로 경험된다. 심한 고통은 또한 언어를 분쇄한다". 육체적 고통의 표현이 불가능한 것만큼이나 그것을 공유하는 것 역시 불가능하다. "고통 중에 있는 사람에게 고통은 논박할 수 없게 또 절대적으로 현존하는 것"이지만, "타인에게 고통은 도무지 잡히지 않는 것"이다.[16] 성찬을 통해 고난받으시는 그

Christ (Oxford, Blackwell, 1998)

15 월터 부르그만, 『예언자적 상상력』(서울: 복 있는 사람, 2009), 40.

16 일레인 스캐리, 『고통받는 몸 - 세계를 창조하기와 파괴하기』(오월의봄, 2018)

리스도와의 연합에 대한 캐버너의 도전은 하느님의 은총을 힘입은 근원적인 제자도로의 부름이다. 그것은 인간적으로 '불가능한' 일이다. 다만 그리스도는 성찬의 신비 안에서 자신의 제자들을 부르신다. 그리고 "십자가는 모든 것을 시험한다".

캐버너의 심원한 도전을 염두에 두면서 한 가지 제기되는 물음이 있다. 월터 브루그만Walter Brueggemann은 "미국에서 성만찬적 상상력이 요구되는 경우는 아르헨티나와 칠레를 뒤덮은 혹독한 상황에서 그것을 필요로 하는 때와는 매우 다르다"고 언급한 바 있다. 캐버너의 2장의 구성 역시 다소 복잡하게 얽혀 있다. 그는 미국의 시민 광장을 염두에 두면서 머레이주의 모델과 보이트 모델에 비판적으로 문제를 제기했다. 그런데 미국 사회를 배경으로 한 공공 신학 흐름을 비판했던 그가 제시한 범례는 라틴아메리카의 현장이었다. 삶의 정황에 따른 문제 인식의 지평이 다를 수밖에 없다는 점을 염두에 둔다면 문제 진단과 처방은 복잡해진다. 고문과 사살과 같이 신학적 · 도덕적 판단을 내리는 것이 분명한 경우와 달리 정치적 적대의 전선이 선명해 보이지 않을 때 국가의 규율을 전복하는 교회 공동체의 규율은 어떻게 드러나는가. 적대의 전선이 중층적일 뿐 아니라 거대한 악의 세력에 누구나 어느 정도 공모하고 있지만, 빠져나온다는 것이 무엇을 의미하는지 식별하기 쉽지 않은 상황에서, 시민 의식을 뛰어넘는 제자도의 결정은 어떻게 내려질 수 있는가. 이러한 물음은 더 깊고 장기적으로 숙고해야 할 주제다.

또한 홉스, 로크, 루소 연구에 있어서 그의 해석이 개별 사상가 연구의 축적된 논의를 따라가고 있는지는 토론의 여지가 있다. 가령 홉스의 사회계약론과 그리스도교 전통의 자유 개념을 조화시키는 것이 불가능하지 않다는 논의 역시 제출된 바 있다.[17] 로크 정치 철학의 그리스도교적 토대 연구 역시 오랜 기간 축적되어 온 상황에서 로크에 대한 캐버너의 시각은 재고의 여지가 있다.[18]

아울러 캐버너는 20세기 복지 논쟁을 설명하면서 17세기 자유주의 '일부' 모델을 가져오는데, 여기에서 독자들은 다음과 같이 질문할 수 있다. '캐버너가 제시한 "자유주의적 국가"가 역사에서 단일한 형태로 존재했는가?'[19] 근대 자유주의는 일률적 용법으로 사용되지 않았기 때문이다.[20]

---

[17] A. P. Martinich, 'Leo Strauss's Olympian Intrepretation: Right, Self-Preservation, and Law in the Political Philosophy of Hobbes', in *Reading Between the Lines: Leo Strauss and the History of Early Modern Philosophy* (Berlin/Boston, De Gruyter, 2015), 77~97.

[18] 캐버너는 프로테스탄티즘 백과사전에서 로크 항목을 집필하기도 했다. Hans Hillerbrand ed. *The Encyclopedia of Protestantism* (New York: Routledge, 2003)을 보라. 캐버너의 책 출간 이후 로크 정치 철학의 그리스도교적 기초에 대한 탐구는 Jeremy Waldron, *God, Locke, and Equality: Christian Foundations in Locke's Political Thought* (Cambridge University Press, 2002), Nathan Guy, *Finding Locke's God: The Theological Basis of John Locke's Political Thought* (Bloomsbury, 2019) 참조.

[19] Christopher Insole, 'Discerning the Theopolitical: A Response to Cavanaugh's Reimagining of Political Space', *Political Theology* 7(3) (2006), 323~335. 크리스토퍼 인솔은 캐버너와 달리 정치적 자유주의에 대한 신학적 변호를 단행한다.

[20] 자유주의 담론 지형의 풍부함에 관해서는 Helena Rosenblatt, *The Lost*

캐버너의 설명 방식의 장점임과 동시에 논쟁점은 경쟁하는 정치 신학들을 지나치게 단순화했다는 점에 있다. 그는 중세 그리스도교 전통의 공동체 담론과 방법론적 개인주의에 입각해서 근대적 구원 개념을 담은 국가론을 대비시킨 이후 후자를 '이단적' 논의로 환원시킨다. 근대 국가의 종교적 기원을 장기적인 개념사 발전의 관점에서가 아니라 동시대의 맥락에서만 발견하는 사유 방식은 그 자체로 문제적이다. 정치 권력의 신성화 과정에는 비단 이단적 자원뿐 아니라 이른바 '정통주의' 성직자와 사상가들의 지원이 있었다. 국왕 종교에 대한 중세의 신학적 정당화 논리는 다양한 방식으로 이루어졌다. 후기 중세 법률가들이 발전시킨 '국왕을 머리로 하는 신비한 몸'corpus reipublicae mysticum 개념 역시 '교회 전체와 가톨릭 교리' 수호와 맞물려 논의가 전개되었다. 캐버너의 근대의 국가 중심 구원론 비판은 그가 옹호하는 고전 그리스도교 전통 전체가 국가 중심의 종교와는 무관한 방식으로 정치 신학을 전개했다고 암시하는 듯하다. 하지만 근대 국가론이 신학적 구원론인 만큼이나 중세 국가론 역시 신학적 구원론이며, 나아가 중세의 신학적 구원론은 다양한 형태의 국왕 종교를 포함해서 복수형으로 존재한다.[21]

History of Liberalism: From Ancient Rome to the Twenty-First Century (Princeton University Press, 2018) 참조.

[21] 임승휘, '근대국가의 종교적 기원: 프랑스 절대왕정과 종교', 『프랑스사 연구』 제12호 (2005), 9.

흥미로운 점은 캐버너가 신체 정치에 초점을 맞추면서도 중세 정치 신학 연구서이자 신체 정치를 탐구할 때 기본적으로 참조하는 칸토로비치Ernst H. Kantorowicz의 『왕의 두 신체』King's Two Bodies에 제시된 논의들은 배제하고 있다는 점이다.[22] 이러한 배제는 다분히 의도가 있어 보인다. 칸토로비치의 저작은 삼위일체 교리가 확립된 이후 다양한 형태의 정치 신학들이 제시되고 있음을 보여주기 때문이다. 칼케돈 신조를 따르면서도 다양한 방식으로 국왕 중심의 정치 신학을 모색한 '그리스도 중심의 왕권'Christ-centered Kingship뿐 아니라 '법 중심의 왕권'Law-centered Kingship, '정체 중심의 왕권'Polity-centered Kingship 등이 칸토로비치의 저작에는 소개되어 있다. 비록 짧은 에세이라는 점과 논지를 선명하게 부각하기 위한 목적이라는 점을 고려하더라도 다양한 형태의 정치의 신학적 원천들은 배제될 것이 아니라 함께 숙고해야 할 주제이다.

나가면서

캐버너는 "연대와 저항의 공동체를 만들 시간과 공간에 대한 신학적 상상"의 회복을 말한다. "공간은 움직임과 행동이 합주를 하며 또 다른 공간이 생성될 수 있도록 시간의 양과 방향을 고려한다. 즉 공간은 장소에서 다른 목적을 위해 다른 방식

---

[22] Ernst H. Kantorowicz, *The King's Two Bodies: A Study in Medieval Political Theology* (Princeton: Princeton. University Press, 1957)

으로 사물을 활용하며 업무를 수행하는 사람들이 만드는 것이다."(151) 캐버너에게 있어서 진정한 공간 이야기는 성찬 안에서 이루어진다. "성찬은 물질과 장소에 대한 활동이다. 하느님의 주관 아래 인간이 함께하는 성찬은 다른 종류의 공간을 빚어낸다." 성찬이 빚어내는 새로운 시공간이 문자 그대로 '미쳐 돌아가는 세계'(라캉적 의미에서 '정신분열증' 주체를 만들어내는 글로벌 자본주의 세계)를 붕괴시킨다. 지역 공동체에서 거행되는 성찬은 공간적 장벽과 시간적 장벽을 초월해 세계를 다시 새롭게 한다. 전례적 실천을 강조하고, 이를 통해 퇴락한 세계를 새롭게 하는 기획은 아름답게 펼쳐진다.

나아가 캐버너는 전례 그 자체가 오염되는 상황 역시 정직하게 직시한다. "성찬을 축하하는 많은 행사는 너무나도 자주 세계에 대한 감상주의에 젖고 진부한 소비주의로 인해 식민지화되었다. 세계화 논리는 교회의 전례적 삶 그 자체를 오염시킨다. 그리스도는 다시 성찬 때마다 배반당하신다."(196) 이러한 상황에서 그는 갱신의 원천을 지역 교회 내부에서만 발견하지 않는다. 성찬에서 먹고 누린 이들은 모두 각자가 그리스도의 전체 몸을 받는다. 성찬 예배와 일상의 리듬, 타자, 특별히 연약한 이 가운데 숨어 계시는 그리스도와의 만남 중심에는 성사 중에 그리스도께서 임하심이 놓여 있다. 캐버너는 지역 전례에서 그리스도의 우주적 몸을 먹고 누리면서 물질성을 가지고 대안적 시공간을 상상한다. 캐버너의 기획은 공교회 전통 안에서 함께 향유

될 수 있다. 이들이 성사 안에서, 그리고 타자 안에서 숨어 계신 그리스도를 발견할 수 있는 한에서 말이다.

평범한 사람은 없습니다. 우리가 대화를 나누는 이들은 그저 죽어서 사라질 존재가 아닙니다. ... 우리의 오감이 경험할 수 있는 가장 거룩한 대상은 성찬의 빵과 포도주이고, 그다음은 우리의 이웃입니다. 그 이웃이 그리스도인이라면 거의 성찬만 큼이나 거룩합니다. 그 안에 참으로 숨어 내주하시는vere latitat 그리스도가 계시기 때문입니다. 그의 안에는 영광스럽게 하시는 분이자 영광을 받으시는 분, 영광 자체께서 참으로 숨어 계십니다.[23]

---

[23] C. S. 루이스, 『영광의 무게』 (서울: 홍성사, 2008), 34.

찾아보기

122

신학, 정치를 다시 묻다
 - 근대의 신학-정치적 상상과 성찬의 정치학

초판 발행 | 2019년 10월 1일

지은이 | 윌리엄 T. 캐버너
옮긴이 | 손민석

발행처 | ㈜타임교육
발행인 | 이길호
편집인 | 김경문
편 집 | 민경찬 · 양지우
검 토 | 손승우 · 설요한 · 최경환
제 작 | 김진식 · 김진현 · 이난영
재 무 | 강상원 · 이남구 · 진제성
마케팅 | 이태훈 · 방현철
디자인 | 손승우

출판등록 | 2009년 3월 4일 제322-2009-000050호
주 소 | 서울시 강남구 봉은사로 442 75th Avenue 빌딩 7층
주문전화 | 010-9217-4313
팩 스 | 02-395-0251
이메일 | innuender@gmail.com

ISBN | 978-89-286-4588-6 93340
한국어판 저작권 ⓒ 2019 ㈜타임교육